Petit dictionnaire d'histoire de la Réunification du Cameroun

Photo de couverture : Rassemblement lors de la Mission de visite de l'ONU au Cameroun sous administration britannique, 1955.

Williams Pokam Kamdem
&
Clovis Rodrigue Foutsop

Petit dictionnaire d'histoire de la Réunification du Cameroun

© **Premières Lignes, 2020**
Dschang

www.edi-premiereslignes.com

ISBN : 978-9956-27-504-5

" The pen is mightier than the Sword, says the wise man. It has taken you pain and time to attain the present state of your country and you must not give up to keep the ball rolling now that it is on your feet. Unite yourselves, do team work and you shall surely win the race".

Letter of J.H. Ngu to N. Edward (Vice-president Kumzse-Dschang), Kumba 23rd May 1952.

AVANT-PROPOS

Les récents évènements au Cameroun, depuis 2016 au moins, tendent à montrer la fragilité d'un processus politique qui avait contribué à faire de ce pays un modèle de construction nationale dans le monde. Le 1er octobre 1961, les deux parties de ce territoire jadis partitionné entre la France et l'Angleterre de 1916 à 1961 sont réunifiées après des décennies de contacts et d'échanges entre habitants et leaders de ces deux entités territoriales. La Réunification est suivie le 20 mai 1972 de l'Unification, moment controversé de ce processus de retrouvailles.

Depuis ce dernier évènement, une littérature dense aussi bien scientifique que militante s'est constituée pour narrer, décrire, interpréter et analyser la Réunification du Cameroun (voir références et bibliographie). L'objectif de cet opuscule n'est donc pas d'apporter un éclairage nouveau sur la Réunification du Cameroun, mais de faire ressortir pour le grand public les éléments de repères dans la compréhension de celle-ci. Ainsi, il ne s'agit pas d'un compendium, mais d'un ensemble d'éléments d'explication de ce qu'est ce processus. Il faut dans cette perspective signaler le formidable travail effectué par l'équipe de Jon Woronoff, aboutissant à la 4e édition en 2010, par Mark Dike DeLancey, Rebecca Neh Mbuh et Mark W. DeLancey du *Historical Dictionary of the Republic of Cameroon*.

Comme dictionnaire, ce manuel se veut un recueil de mots, d'expressions, de concepts, de personnages, de lieux, de dénominations et d'évènements, qui donne des informations sur ceux-ci et contribue à les historiciser, sans afficher la prétention d'être un dictionnaire historique. Il s'agit alors de fournir un outil de travail supplémentaire, quoique modeste, aux chercheurs, enseignants, apprenants et au grand public qui s'intéressent à la question de la Réunification du Cameroun.

Ce dictionnaire, constitué de 141 entrées, à la fois thématique et biographique, ne se veut pas nécessairement exhaustif. Pourrait-il y prétendre ? Ce document imposera un effort conséquent de traduction et d'actualisation. Ainsi, l'ouverture et la mise à disposition des archives (celles de la Conférence de Foumban, par exemple), tout comme la compilation et la synthèse plus approfondie de la littérature existante sur le sujet, seront utiles pour compléter cette première version qui couvre principalement la période qui va du partage de 1916 à la proclamation de la Réunification en 1961.

Williams Pokam Kamdem & Clovis Rodrigue Foutsop,
Dschang, le 4 mars 2020

LE CAMEROUN DE 1911 À 1961

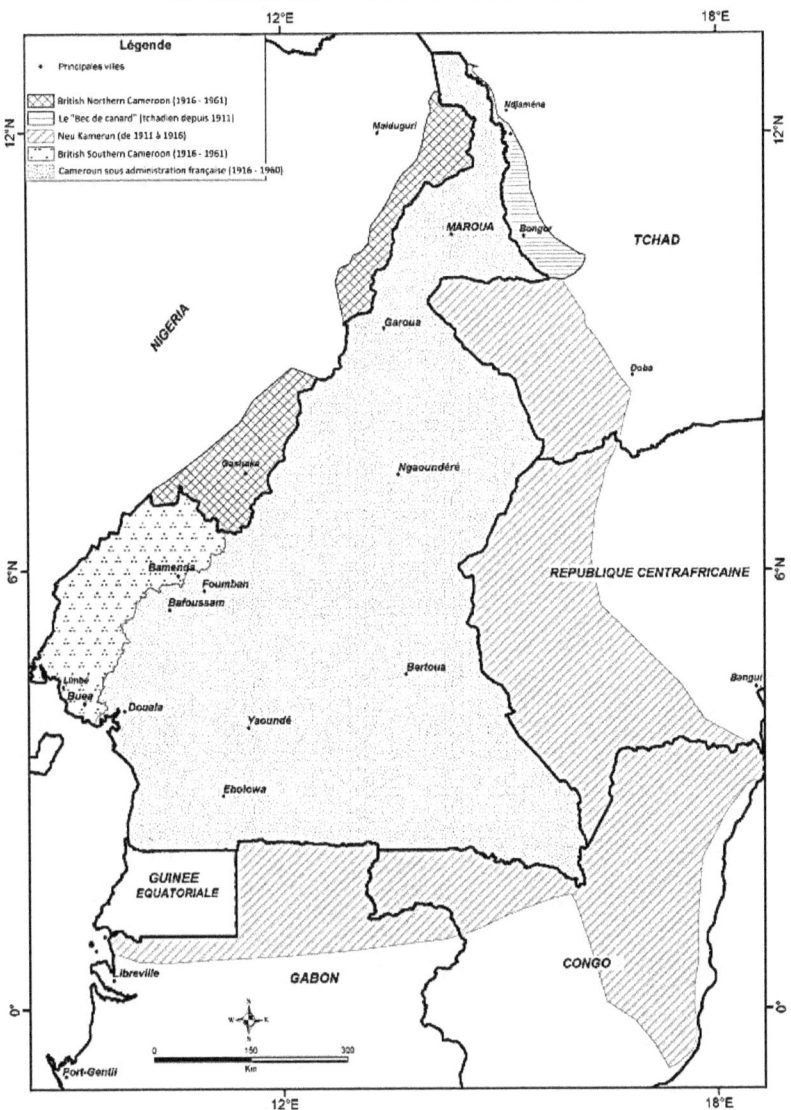

INTRODUCTION

Alors qu'elle a été au cœur des politiques d'unité nationale, d'intégration nationale et aujourd'hui de vivre-ensemble au Cameroun, la question de la réunification tend à être traitée de manière superficielle. Des raccourcis, nombreux, servent des démonstrations aussi résonantes que fragiles. C'est déjà de cette manière qu'elle est appréhendée par les administrations coloniales à la fin des années 1940 lorsqu'elle rentre dans le discours politique.

Le mouvement de l'unification est perçu par les autorités coloniales comme une situation conjoncturelle après 1949, s'inspirant d'après elles des développements du mouvement des *Ewé* au Togo, et qui aurait trouvé son souffle que dans l'effervescence politique suscitée par la première mission de visite de l'Organisation des Nations Unies (ONU) cette année-là. Cette vue transparaît dans les échanges entre Français et Britanniques lors d'une réunion tenue à Paris afin de discuter de cette question et des échanges qu'elle entraînerait lors de la session du Conseil de tutelle de 1952 :

> Les autorités françaises sont intimement convaincues qu'au Cameroun français le mouvement d'unification n'a pas d'assise réelle. La délégation du Royaume-Uni souligne qu'au Cameroun sous tutelle britannique ce mouvement est dépourvu de caractère représentatif[1].

---

[1] Archives diplomatiques de La Courneuve (ADLC), Procès-verbal de la réunion de Paris (29-30 avril 1952).

C'est donc avec surprise et prudence que les administrations centrales et locales de la France et du Royaume-Uni au Cameroun ont observé les développements de ce mouvement, évitant d'en parler ouvertement pour ne pas donner l'impression qu'il s'agissait d'une chose digne d'intérêt et harmonisant leurs positions pour ne pas laisser le Conseil de tutelle s'intéresser de plus près d'une question associée à la doctrine et à la lutte anticolonialiste.

C'est d'ailleurs l'action combinée du Cameroons National Federation (CNF) par sa pétition du 4 novembre 1949 ainsi que du Kamerun United National Congress (KUNC) par sa pétition du 30 octobre 1951 d'une part, et de l'Union des Populations du Cameroun (UPC) ainsi que de ses organisations annexes par leurs pétitions à l'Assemblée générale de l'ONU d'autre part qui a concouru à inscrire la question de l'unification du Cameroun dans les discussions onusiennes sur le droit à l'autodétermination au cours de la première moitié des années 1950.

Commentant la multiplication des rencontres pan-kamerunaises[2], le Haut-commissaire de la France au Cameroun, André Soucadaux, indique le 24 mars 1953 au ministre de la France d'Outre-mer :

> Ces multiples contacts ne peuvent plus être considérés comme purement occasionnels. Il s'agit désormais semble-t-il, d'une intervention systématique et dirigée de haut en vue d'entraîner les agitateurs du Cameroun français dans une lutte commune pour l'unification des deux territoires[3].

---

[2] Nous empruntons ce concept à Bongfen Chem-Langhëë et Martin Zachary Njeuma : "The Pan-Kamerun movement,1949–1961", in N. Kofele-Kale (dir.), *An African Experiment in Nation Building: The bilingual Cameroon Republic since reunification*, Westview Press, Boulder, CO, 1980, pp.25-64.

[3] ADLC, Correspondance du Haut-commissaire Soucadaux au ministre de la FOM, a/s activité britannique dans les zones frontalières, 24 mars 1953.

L'évolution politique du Southern Cameroons a par la suite exposé l'importance de cette question dans l'agenda de la décolonisation de l'Afrique dans la seconde moitié de cette décennie. Même si elle n'était au départ qu'une stratégie politique, visant à remettre en cause la tutelle britannique et française au Cameroun de manière plus profonde et systématique selon de nombreuses analyses, la réunification est devenue une aspiration et un élément indissociable de l'accession de ce pays à la souveraineté internationale.

Face à l'effondrement de la résistance dans la Sanaga-maritime après l'assassinat d'Um Nyobe en 1958 et du renforcement du maquis bamiléké, le traitement de la question de l'unification par les administrations occidentales revêt un caractère ethnique, ignorant volontairement les complexités de ce mouvement. Il est artificiellement reconstruit autour du « péril bamiléké ». À la veille du plébiscite du 11 février 1961 au Southern Cameroons, l'idée démagogique est ainsi diffusée qu'elle favoriserait la constitution d'un royaume bamiléké incluant les unités administratives du Southern Cameroons, le Wouri, le Mungo et le Bamiléké.

Certes, l'idée de la réunification n'a pas eu la même résonance dans toutes les parties du pays, mais ce discours est clairement une somme d'ignorances d'un mouvement de plus en plus profond au cours des années 1950, fondé sur la nostalgie d'un passé commun sous l'administration germanique et sur l'utopie d'une nation camerounaise libre, fraternelle, où la frontière administrative/linguistique ne distinguerait pas de Camerounais « français » et « britannique » ; « francophone » et « anglophone ». Tous les Camerounais n'étaient pas préoccupés ou favorables à la réunification, mais c'est avec responsabilité qu'ils acceptèrent (sauf dans le cas du Cameroun septentrional) les résultats du plébiscite du 11 février 1961. Jusqu'en 1991-1995, le maintien du principe de l'adhésion « ni à la communauté française ni au Commonwealth » a servi d'ultime verrou à cette catégorisation. Le choix de la neutralité a finalement cédé devant celui de l'ambigüité.

Avant que ne se pose la question de la forme de l'État réunifié, le processus exploré ici a été une histoire d'hommes et de « contacts » ; de volonté, de doutes, d'opposition. Il s'agissait dans beaucoup de cas d'artisans et de mouvements peu connus. C'est ce qu'indique par exemple la correspondance de John Henri Ngu, commerçant installé à Kumba, adressée à l'un des cadres du Kumzse, N. Edward, en 1952 :

> I am sure that our people over here will be more happier to see people of your calibre before them to speak on the future of our country, and I suggest you find an opportunity one of these days to pay us a visit. Should this be possible I should like you to inform us that date of your probable arrival. I also wish to suggest to you that when you draw up any programme for the occasion, you should not forget "Unification of the Kamerun" as one of the items[4].

De nombreux Camerounais avaient défendu l'idée d'une réunification avant l'indépendance afin d'unifier les pratiques politiques et sociales des sous-ensembles partitionnés et administrés séparément pendant quatre décennies, avant l'accession à la souveraineté internationale. L'inversion de cette démarche est-elle sans conséquence sur la situation actuelle ? Pourquoi d'ailleurs a-t-elle été substituée à la précédente option ?

Évidemment, tous les Camerounais n'avaient pas la même vision de l'avenir, préoccupés selon les cas et à des degrés divers par la fin du colonialisme, par l'éclosion d'États respectifs voire d'entités régionales spécifiques ou par leur place dans les institutions indépendantes qui se

---

[4] Archives départementales de la Menoua (ADM), Correspondance de J.H. Ngu à N. Edward (Vice-président Kumzse-Dschang), Kumba 23 mai 1952.

dessinaient. Les résultats des années de contact, des plébiscites et des choix politiques successifs les ont tous engagés cependant dans la négociation de l'en-commun.

Quand commence ce processus de réunification et quand s'achève-t-il ? Même s'il est difficile de dater les premières revendications allant dans ce sens, on peut supposer qu'elles ont émergé au cours des années 1920, après que le partage franco-britannique soit entériné, suscitant la montée du mouvement germanophile. Comme revendication politique, elle devient à partir de la fin des années 1940 un élément du discours public qu'on ne peut plus ignorer. On peut aussi considérer qu'en tant qu'élément de la construction nationale camerounaise en cours, la réunification n'est pas un processus fini, une séquence chronologique arrêtée. Par commodité cependant, nous considérons la réunification comme la volonté et le processus de reconstituer une entité étatique commune rappelant le Kamerun d'avant 1916. Après 1961, le projet politique n'est plus la construction territoriale de l'État, mais l'édification d'un État-nation. Ce projet vise l'unification, c'est-à-dire le façonnement d'une identité camerounaise unique, plutôt que commune.

En plus de cette introduction qui indique le point de vue des auteurs sur l'importance historique de la question, ce travail comporte une chronologie qui apporte des repères, dans le temps bien évidemment, sur le processus de réunification. Le dictionnaire en lui-même inclut parfois des renvois à d'autres entrées, à titre complémentaire. La fin de l'ouvrage combine sources et références utilisées pour permettre au lecteur d'aller plus loin dans l'exploration et la compréhension de ce processus historique.

QUELQUES REPÈRES CHRONOLOGIQUES

1884
- (14 juillet) : les Allemands prennent possession du Cameroun

1914
- (5 août) : début de la Première Guerre mondiale au Cameroun

1915
- (21 septembre) : établissement du condominium franco-britannique sur le Cameroun

1916
- (16 février) : capitulation de la forteresse de Mora ; défaite de l'Allemagne au Cameroun
- (23 février) : tracé Pichot-Strachey
- (4 mars) : fin du condominium ; partage du territoire entre la France et le Royaume-Uni

1919
- (28 juin) : signature du Pacte de la SDN. Mise en place du système de mandat. Le pacte entre en vigueur le 10 janvier 1920
- (10 juillet) : déclaration Milner-Simon

1922
- (22 juillet) : le Cameroun devient territoire sous mandat de la SDN, confié à la France et au Royaume-Uni

1931
- (9 janvier) : déclaration Thomson-Marchand

1946
- (13 décembre) : le Cameroun devient un territoire sous-tutelle de l'ONU, confié à la France et au Royaume-Uni

1948
- (10 avril) : création de l'UPC

1949
- (1er-29 novembre) : première mission de visite de l'ONU

1952
- (26 septembre-25 novembre) : deuxième mission de visite de l'ONU
- (8 octobre) : création du KUNC
- (14-17 décembre) : congrès du KUNC à Kumba

1953
- (29 janvier-6 mai) : crise de l'Assemblée régionale du Nigéria oriental

1954
- (30 août) : le Southern Cameroons obtient le statut de quasi-région au sein du Nigéria
- (26 octobre) : première session de la Chambre d'Assemblée du Southern Cameroons

1955
- (16 février) : création du KNDP
- (18 octobre-9 décembre) : troisième mission de visite de l'ONU

1958
- (avril) : statut régional pour le Southern Cameroons
- (18 octobre-9 décembre) : quatrième mission de visite de l'ONU

1959
- (20 février-13 décembre) : discussions lors des 13e et 14e Assemblées générales de l'ONU sur l'avenir du Cameroun. Le principe et les modalités du plébiscite sont définis
- (10-11 août) : conférence de Mamfe

- (27-30 août) : conférence pan-camerounaise des étudiants à Yaoundé
- (7 novembre) : plébiscite au Northern Cameroons

1960
- (1er janvier) : indépendance du Cameroun sous administration française.
- (1er octobre) : Indépendance du Nigéria

1961
- (11-12 février) : plébiscite au Cameroun sous administration britannique
- (15-17 mai) : conférence tripartite de Buea
- (1er juin) : le Cameroun septentrional rejoint le Nigéria/deuil national au Cameroun
- (14-19 juin) : conférence tripartite de Buea
- (26-28 juin) : conférence de Bamenda
- (17-21 juillet) : conférence de Foumban
- (2-7 août) : conférence tripartite de Yaoundé
- (1er septembre) : promulgation de la constitution fédérale
- (1er octobre) : Réunification/Indépendance du Southern Cameroons/Naissance de la République Fédérale du Cameroun

1963
- (2 décembre) : arrêt de la CIJ rejetant la requête du Cameroun au sujet du plébiscite de 1961 dans le Cameroun septentrional

1966
- (1er septembre) : création de l'UNC

1972
- (20 mai) : référendum constitutionnel/fin de la fédération/unification.
- (2 juin) : promulgation de la constitution unitaire.

A

Abba (malam Habib). Homme politique, membre de la Chambre d'Assemblée du nord Nigéria, ministre du Commerce et de l'Industrie dans le cabinet du Nord et Secrétaire général du Northern People's Congress (NPC). Il rejette l'idée d'Endeley et de Mbile d'obtenir la formation d'une seule région du Cameroun britannique au cours de la conférence de Londres de 1953, y préférant celle de l'association du Cameroun septentrional à la région nord du Nigéria. Il devient waziri de Dikwa en 1960.

Abba (malam Ibrahim). Homme politique. Fondateur et président du NKDP.

Accord franco-britannique. 4 mars 1916. Échange de lettres entre l'Ambassadeur de France à Londres Paul Cambon et le Secrétaire d'État britannique aux affaires étrangères Edward Grey, les 3 et 4 mars, sur la répartition provisoire des territoires du Cameroun. Il s'appuie sur le tracé Picot-Strachey et marque le partage du Kamerun allemand.

Adamaoua. (*Voir unification de l'Adamaoua*).

Adeoye (Samsun George). 1921-1956. Syndicaliste, journaliste et homme politique camerounais. Né d'un père de l'ethnie Yoruba au Nigéria, il fait ses études à Mamfe, Ibadan, Lagos et à l'École supérieure d'Enitonna à Port-Harcourt. Après ce parcours scolaire, il fait son entrée dans le monde du travail en 1942 dans les services des postes et télécommunications au Nigéria. Il s'intéresse à l'activité syndicale et prend les fonctions de trésorier du syndicat L.T.C.-African-Workers Union en 1945. Il s'intéresse également à la politique en devenant Sous-secrétaire dans le cabinet fédéral du National Council of Nigeria and Cameroon (NCNC) en 1948. Il anime comme journaliste l'organe de presse de cette formation politique. Au Cameroun sous tutelle britannique, il est, entre 1947 et 1949, Secrétaire général de la CYL. Il est aussi fondateur et Secrétaire du Mamfe Development Campaign Committee. Il fait partie des 13 leaders camerounais qui siègent au Conseil des ministres nigérians et à l'Assemblée de l'Est-Nigéria, car élit par ses compatriotes de la Division de Mamfe en 1951 et en 1953. Il participe à la création du KNC en 1953. Défenseur de l'idée d'une fédération entre les Cameroun sous tutelle britannique et française, il est auteur d'une brochure intitulée *Kamerun Unification : being a discussion of a 7 point-solution of the Unification Problem* (London, Carey and Claridge Chelsea, 1956). Il ressort de la lecture de cette brochure qu'il rêvait d'un Cameroun sans anglophones et francophones, mais de Camerounais ayant une identité spécifique en Afrique.

Affaire du Cameroun septentrional (Cameroun c. Royaume-Uni. Examen, devant la CIJ, de la requête déposée par la République du Cameroun (*plus tard République fédérale du Cameroun*) le 30 mai 1961 pour faire dire et juger par la CIJ que « dans l'application de l'accord de tutelle pour le territoire du Cameroun sous administration britannique approuvé par l'Assemblée générale des Nations Unies le 13 décembre 1946, le Royaume-Uni n'a pas, en ce qui concerne le Cameroun septentrional, respecté certaines obligations qui découlent directement ou indirectement dudit accord. » Le

Cameroun est représenté par l'ambassadeur Vincent de Paul Ahanda et le magistrat Paul Engo assistés du professeur de droit Prosper Weil et du magistrat Robert Parant. Le Royaume-Uni est représenté par le jurisconsulte du ministère des Affaires étrangères Francis Vallat et le jurisconsulte-adjoint Philip J. Allott, assistés par le Procureur général John Hobson, l'avocat M.E. Bathurst et le professeur de droit D.H.N. Johnson. Le 2 décembre 1963, la CIJ rend son arrêt :

> LA COUR,
> par dix voix contre cinq,
> dit qu'elle ne peut statuer au fond sur la demande de la République fédérale du Cameroun (*Arrêt du 2 décembre 1963, CIJ*).

Le Cameroun septentrional étant devenu indépendant en rejoignant le Nigéria et l'objectif de la tutelle étant ainsi atteint, les reproches qu'on aurait pu faire au Royaume-Uni au sujet de l'administration de ce territoire sont donc considérés comme réglés selon la Cour. Cette irrecevabilité de fait de la requête du Cameroun met fin à ses prétentions sur le Cameroun septentrional, mais cette affaire entache pendant de nombreuses années après ses rapports avec la CIJ et le Royaume-Uni.

Ahidjo (Ahmadou). 1924-1989. Radiotélégraphiste et homme politique camerounais. Il fait ses études à Garoua et Yaoundé avant de suivre une formation d'opérateur radio à Douala. Il devient représentant à l'Assemblée représentative du Cameroun (ARCAM) en 1947, membre de l'Assemblée territoriale du Cameroun (ATCAM) en 1952, Conseiller à l'Assemblée l'Union Française de 1953 à 1958 et vice-premier ministre chargé de l'intérieur dans le gouvernement d'André-Marie Mbida. Il fonde l'Union Camerounaise (UC) en 1958. Il devient Premier ministre au Cameroun sous tutelle française au cours de la même année en remplaçant Mbida. C'est en cette qualité qu'il défend l'idée de l'unification du Cameroun.

> Au sujet de l'unification du Cameroun, M. Ahidjo déclare que les Camerounais de la zone française sont unanimes à souhaiter l'unification. [...] Les Camerounais de la zone française n'entendent pas faire peser sur leurs frères de la zone britannique le poids de leur démographie et ne sont pas animés d'une volonté intégrationniste qui ferait fi des vœux des habitants de la zone britannique [...] il est prêt à prendre contact avec les responsables du Cameroun britannique et pense que l'endroit qui convient le mieux pour les conversations est le sol camerounais (*compte rendu de la 13ᵉ Assemblée générale de l'ONU, 25 février 1959*).

Il conduit la partie du Cameroun sous administration de la France à l'indépendance le 1ᵉʳ janvier 1960. Il devient le premier Président de la République, du 5 mai 1960 au 4 novembre 1982. Il conduit avec J.N. Foncha les discussions constitutionnelles pour la réunification avec le Southern Cameroons, en 1960 et 1961. Il échoue à faire invalider par les Nations Unies et la CIJ, le rattachement du Northern Cameroons au Nigéria après le plébiscite de 1961. En 1966, il rassemble les forces politiques au Cameroun au sein de l'Union Nationale Camerounaise (UNC), parti unique. En 1972, il obtient le passage de la fédération à l'État unitaire. Il quitte ses fonctions de chef de l'exécutif en 1982.

All Cameroons Conference. 13-15 mai 1949. Présidée par N.N. Mbile. J.-B. Sataipon, syndicaliste et originaire du Cameroun sous administration française, prend part à cette rencontre. Au cours de celle-ci, Mbile prend position pour le transfert de la tutelle du Cameroun sous administration britannique à la France, au regard du degré d'évolution économique et sociale de la zone sous administration française. Il fait une comparaison entre les deux Cameroun. Par exemple, il souligne qu'en zone britannique, l'administration a le monopole des cultures riches (bananes, café, cacao, etc.) tandis qu'en zone française, ces cultures sont libres ; que les droits d'exportation des produits y sont réservés aux Européens alors qu'en zone française, les Africains jouissent du même droit ; et qu'en zone britannique, le monopole du commerce appartient aux maisons britanniques RW. King ou John Holt, à la différence du territoire voisin où la liberté de commerce est à l'origine de la concurrence entre les maisons de commerce de toutes les nationalités. Il souligne que l'idée d'unification deux territoires sous l'unique tutelle de la France est dépassée, car le nationalisme nigérien a déjà influencé la pensée politique des leaders du Cameroun sous administration britannique et que cette idée est prônée en zone française uniquement par l'UPC et le Kumzse. Les participants concluent que le courant d'idée en faveur d'une « politique d'unionisme » gagne incontestablement du terrain. À la fin de la rencontre, une motion votée à l'unanimité est envoyée à l'ONU. Elle concerne le développement économique, la santé, l'hygiène, les forêts, l'administration, l'enseignement, le droit syndical, le travail, le chômage, le commerce et l'industrie, l'unification du Cameroun anglais et français, les douanes et la délégation de l'ONU.

Andersen Kjell (Rapport). 1961. Document rédigé entre décembre 1960 et janvier 1961 sur les aspects économiques d'une possible réunification du Cameroun sous administration britannique à la République du Cameroun. Commandé par le gouvernement de la République du Cameroun pour déterminer et éclairer le choix entre trois possibilités : conserver l'usage de la livre (nigériane) dans l'État fédéré du Cameroun occidental et du franc CFA dans l'État fédéré du Cameroun oriental ; envisager l'utilisation simultanée des deux monnaies dans l'ensemble de la fédération ; introduire le franc CFA au

Cameroun occidental en supprimant la livre. Andersen estime que, pour favoriser l'aide ultérieure de la France à la fédération du Cameroun et en envisageant que le Nigéria retirerait sans doute sa monnaie en circulation au Southern Cameroons si le plébiscite consacrait le rattachement de cette zone à la République du Cameroun, la solution serait d'étendre la zone Franc au Cameroun occidental. Le franc CFA entre officiellement en vigueur dans le Cameroun occidental le 1er juillet 1962.

Angwafo III (Fon Solomon Anyeghamotü Ndefru). 1925-. Agronome, chef traditionnel et homme politique camerounais. Il fait ses études secondaires et supérieures au Nigéria, à Arochukwu et Ibadan respectivement. Devenu chef des Mankon en 1959, il prend part à la conférence de Mamfe de la même année. Il y prend position pour la réunification du Cameroun. Il devient membre de la House of Chiefs du Cameroun sous administration britannique en 1960 et député à l'Assemblée fédérée du Cameroun occidental en 1961. Il est depuis lors réélu au parlement camerounais. Il publie en 2009 l'ouvrage *Royalty and Politics. The Story of My Life*, Langaa RPCIG.

Association of Cameroons Students of Britain & Ireland. Association d'étudiants. Créée en 1951 à Manchester. Leurs échanges portent sur la question de l'unification du Cameroun, le statut régional du Cameroun méridional sous administration britannique et les autres aspects économiques et sociaux touchant la vie de ce territoire. L'Association noue des liens avec les autres mouvements d'étudiants en France, au Nigéria et en Amérique. Elle est présidée par B. Gwan Nulla. Les autres membres sont G.G. Dibue, J.A. Kisob, G.E.A. Mbiwan, G.L. Monekosso, V.E. Mukete, M. Sabum, T.

Sona et Tamajong Ndumu notamment. La plupart d'entre eux font ensuite partie de la Kamerun Society.

B

BDC (Bloc démocratique camerounais). Parti politique. Fondé en 1951 à l'initiative de Louis-Paul Aujoulat. Recrute principalement dans le milieu administratif. Il compte dans ses rangs des personnalités qui jouent plus tard des rôles politiques importants, dont André-Marie Mbida et Ahmadou Ahidjo. Opposé à l'UPC, il tente d'en recycler des thèmes de campagne comme l'unification des deux Cameroun. La question est évoquée lors du congrès des 7-8 novembre 1953. Le rapport final indique que « Le morcellement du Cameroun en deux zones a apparu comme un handicap à son plein épanouissement (sic). Le vœu a été émis de voir étudier enfin les mesures de rapprochement de ces deux morceaux du même territoire qui n'ont jamais nourri l'idée de "deux tout", mais ont conservé, bien au contraire, le sentiment d'un membre mutilé et infirme qui attend son rétablissement ». Cette prise de position suscite de nombreuses réactions de l'administration française qui s'inquiète de ce que l'utilisation d'un thème si proche de l'idéologie de l'UPC, même à des fins électorales, ne concourt qu'à le rendre populaire. L'échec d'Aujoulat aux élections du 2 janvier 1956 entraîne la disparition progressive du BDC.

Bilinguisme. Disposition constitutionnelle. Prévue à l'article I de la Constitution de 1961 qui fait du français et de l'anglais les langues officielles de la République fédérale du Cameroun. Ce bilinguisme d'État consacre l'existence de deux langues l'une à côté de l'autre. Les tenants du bilinguisme individuel, comme Bernard

Fonlon, ne réussissent pas à faire admettre l'enseignement simultané du français et de l'anglais, à partir de l'école primaire, dans les deux États fédérés du Cameroun. Malgré la création et l'accroissement d'établissements bilingues dans le cycle secondaire dès la première moitié des années 1960, des arguments logistiques, pédagogiques, linguistiques et politiques sont évoqués pour justifier l'usage principalement institutionnel des deux langues, au détriment de la généralisation de leur pratique commune. La conception populaire veut ainsi que le Cameroun soit bilingue, mais pas les Camerounais. Ce bilinguisme officiel favorise le maintien de pratiques éducatives et juridiques distinctes et l'éclosion de quelques formes d'hybridation dans ces domaines.

Buea Mountain Hotel. Établissement hôtelier. Il accueille différentes rencontres entre les autorités du Royaume-Uni, de la République du Cameroun et du Southern Cameroons. Ces autorités s'y rencontrent par exemple le 30 septembre 1961 pour le transfert de souveraineté du Southern Cameroons. À l'initiative d'Ahidjo et en la présence de plus de 300 invités, cette rencontre est marquée par la lecture du message de la Reine par l'Ambassadeur de la Grande-Bretagne C.E. King, de celui du Secrétaire d'État aux colonies par l'adjoint au Commissaire, Milner, et le discours d'Ahmadou Ahidjo à la nation camerounaise. Une soirée de gala y est organisée dans la nuit du 30 septembre au 1er octobre 1961 entre les différentes autorités citées plus haut pour marquer la réunification et la naissance de la République Fédérale du Cameroun. Cet établissement a été rénové lors de la célébration des cinquantenaires de l'indépendance et de la réunification (2010-2014).

C

Cameroun méridional sous administration britannique. (*Voir Southern Cameroons*).

Cameroun occidental ou West Cameroon. République fédérée. Composante de la République Fédérale du Cameroun entre 1961 et 1972. Anciennement Cameroun méridional sous administration britannique (1916-1961). Ses gouvernements successifs sont dirigés par John Ngu Foncha (1961-1965), Augustine Ngom Jua (1965-1968), Solomon Tandeng Muna (1968-1972). Elle est dotée d'une Assemblée fédérée bicamérale (ALCAMOC).

Cameroun oriental. République fédérée. Composante de la République Fédérale du Cameroun de 1961 à 1972. Précédemment Cameroun sous administration française - 1916-1960) et République du Cameroun (1960-1961). Ses gouvernements successifs sont dirigés par Charles Assalé (1961-1965), Vincent de Paul Ahanda (1965) et Simon Pierre Tchoungui (1965-1972). Elle est dotée d'une Assemblée fédérée (ALCAMOR).

Cameroun septentrional sous administration britannique. (*Voir Northern Cameroons*).

Cameroun sous administration britannique (British Cameroon). Territoire issu du partage du Kamerun en 1916, constitué de trois bandes géographiques. Sa superficie est d'environ 88 269 km². Sous le mandat de la SDN et sous la tutelle de l'ONU, son administration est confiée au Royaume-Uni. Intégré au Nigéria, il est dans la pratique divisé en deux territoires eux-mêmes intégrés à des régions administratives nigérianes : le Northern Cameroons et le Southern Cameroons. Ceux-ci ont ainsi des évolutions politiques distinctes, au motif de leurs différences culturelle, géographique, historique et linguistique.

Cameroun sous administration française. Territoire issu du partage du Kamerun en 1916. Sa superficie est d'environ 432 000 km². Sous le mandat de la SDN et sous la tutelle de l'ONU, son administration est confiée à la France. Il est administré distinctement de l'Afrique Équatoriale Française (AEF). Sa capitale est successivement Yaoundé (1921), Douala (1940) et Yaoundé (1946). L'administration est placée sous la charge d'un Commissaire de la République ou Haut-commissaire à partir de 1940. Le territoire est organisé en délégations (Yaoundé, Douala et Garoua) et en circonscriptions (régions dès 1935), subdivisions, postes et secteurs. Après l'adoption de la Constitution de l'Union française le 27 octobre 1946, le Cameroun français est représenté au sein des assemblées et conseils fédéraux (Assemblée nationale, Conseil de la République, Assemblée de l'Union française et Conseil économique de la République française). Au niveau local, l'Assemblée représentative du Cameroun (ARCAM) de 1946, l'Assemblée territoriale (ATCAM) de 1952 et l'Assemblée législative (ALCAM) de 1957 sont les premières institutions politiques. Elle consacre le statut d'autonomie du Cameroun. Elle marque surtout la fin du double collège. Le premier gouvernement autonome est conduit par André Marie Mbida du 12 mai 1957 au 16 février 1958. Il est remplacé le 18 février par Ahmadou Ahidjo. Le Cameroun sous administration française accède à l'indépendance le 1er janvier 1960 et devient la République du Cameroun.

CCC (Cameroons Commoners Congress). Parti politique. Présidé par Chief S. Nyenti, il milite pour l'indépendance du Southern Cameroons en dehors de la fédération du Nigéria et de la République du Cameroun. Il présente comme argument de « veiller à ce que le Cameroun britannique ne soit pas source de querelles entre un Nigéria indépendant et le Cameroun français indépendant, c'est-à-dire, que le Cameroun britannique ne devait pas se joindre au Nigéria pour s'opposer au Cameroun français, ni se joindre au Cameroun français pour s'opposer au Nigéria ». Il est opposé à la formulation des questions du plébiscite de 1961.

CDC (Cameroon Development Corporation). Entreprise agro-industrielle implantée au Cameroun méridional sous administration britannique en 1947. Elle est constituée, à la fin de la Seconde Guerre mondiale, par l'aliénation et le regroupement de 49 anciennes plantations allemandes, étalées sur une surface de 101 171 hectares. Servant principalement à la culture de la banane, de l'huile de palme, de l'hévéa et du cacao, elle devient l'élément central de l'économie régionale et influence fortement la vie sociale et syndicale du territoire. Elle compte 22 698 employés en 1951, dont environ 2 800 venus du Cameroun sous administration française et 4 799 venus du Nigéria.

CFU (Cameroon Federal Union). Mouvement politique. Créé en 1946 du rapprochement entre le CYL et des associations régionales du Southern Cameroon telles que Bakweri Improvement Union, Bakweri Land Committee, Cameroons Development Corporation Worker's Union. Il est conduit par E.M.L. Endeley. En réponse à la domination des Igbo dans le NCNC et à leur influence grandissante dans le territoire, ce mouvement milite pour une autonomie régionale du Southern Cameroon. Il aboutit à la création du CNF.

Chick Sir Louis (Rapport). 1953. Étude économique. Intitulée "Report of the Fiscal Commissioner on the

Financial Effects of Proposed New Constitutional Arrangements". Rédigée à la demande des participants à la Conférence de Londres de 1953 afin de concevoir un système d'allocation des revenus pour la Fédération du Nigéria et d'étudier la situation financière du Southern Cameroons en vue de présenter les options qui pourraient s'offrir à ce territoire après la mise en place de cette fédération. Elle est confiée à Sir Chick, secrétaire aux finances au Soudan puis au Nigéria. Elle est étudiée lors de la Conférence de Lagos de janvier 1954 qui établit le système de répartition des ressources budgétaires entre les régions du Nigéria de 1954 à 1957, connu sous le terme "the Chick Formula". En s'appuyant sur les revenus et les dépenses du territoire entre 1950 et 1954, il présente dans ce rapport le Southern Cameroon comme « une entité politique non viable financièrement » sans subventions, à court terme. Ces conclusions sont contestées par Gibbons, commissaire du Cameroun et Dr Endeley. Elles déterminent néanmoins le choix d'octroyer au Southern Cameroons un statut de quasi-région et non de région à part entière.

CIJ (Cour internationale de justice de La Haye). Rend le 2 décembre 1963 un arrêt par lequel elle dit ne pouvoir statuer au fond sur la requête du Cameroun contre le Royaume-Uni après le plébiscite de 1961 (*Voir affaire du Cameroun septentrional*).

CNF (Cameroon National Federation). Mouvement politique. Créé le 14 mai 1949 à Kumba par les délégués de 18 principales associations régionales des unités administratives de Victoria, Kumba, Mamfe, Bamenda et du Cameroun sous administration britannique. Il est présidé par E.M.L. Endeley. Face aux problèmes administratifs, économiques et sociaux persistants, son objectif est d'obtenir la création d'une région autonome pour le Southern Cameroons. Le mémorandum transmis à la mission de visite de l'ONU en novembre 1949 expose le programme politique de ce mouvement, dont l'unification des deux zones sous administration britannique et française. Les dissensions internes au mouvement fragilisent celui-ci. Elles aboutissent en 1950 notamment au départ de son secrétaire général, N.N. Mbile qui forme le KUNC avec R.K. Dibongue. Endeley recherche l'unification des deux Cameroun dans le but d'obtenir un statut particulier pour le Southern Cameroons au sein de la Fédération du Nigéria tandis que Mbile et Dibongue optent clairement pour l'unification pure et simple.

CNF (mémorandum). Pétition adoptée par la CNF lors de la rencontre de Kumba du 4 novembre 1949 et transmise au Conseil de tutelle de l'ONU par l'entremise de la mission de visite de novembre 1949. Y sont présentées les récriminations des populations du Southern Cameroons relatives à l'enseignement, au développement économique, à la santé publique, à l'administration, aux communications, au régime foncier, à la création de réserves forestières, à l'unification, à la codification des lois indigènes, à la situation de la main d'œuvre et à l'usage des fonds générés par la Cameroon Development Corporation (CDC). Des résolutions correspondantes à ces différents points sont également énoncées avec l'objectif « d'accélérer le rythme de développement du territoire » pour « atteindre le degré de maturité nécessaire pour devenir un État indépendant ou autonome ». Sur la question de l'unification, la résolution est formulée :

UNIFICATION DU CAMEROUN FRANÇAIS ET ANGLAIS

À l'unanimité, la Conférence a adopté au cours de sa session la motion suivante, présentée par M. R.B. Nana, Secrétaire du "Baminyang Improvement Union" (groupant les ressortissants du Cameroun français résidant au Cameroun sous administration britannique), secondé par M. B.N. Lobe, représentant de "Bafaw Improvement Union" ;

Considérant que, de l'avis unanime de tous les Camerounais, la plus grande injustice qu'ont commise à leur égard les dominateurs étrangers et dont ils ont le plus souffert, en tant que race, est le partage de leur pays entre le Royaume-Uni et la France, puisque ce partage a, non seulement divisé en deux groupes la population à qui l'on a enseigné une langue différente et inculqué une culture différente, mais a scindé des tribus et des familles ; et

Considérant que ce partage et les restrictions frontalières dont il s'accompagne ont, non seulement divisé les autochtones, mais les ont privé de la liberté de mouvement à l'intérieur de leur propre territoire, en violation de l'Article 76 e) de la Charte de l'Organisation des Nations Unies ;

La conférence émet le vœu

que la population du Cameroun en appelle à l'Organisation des Nations Unies pour que cette dernière, par l'intermédiaire du Conseil de tutelle, exerce son influence sur les Autorités françaises et anglaises chargées de l'administration pour les amener à faire droit aux requêtes suivantes formulées par la population du Cameroun :

(i) Unification de principe du Cameroun, les mesures de mise en œuvre devant être étudiées ultérieurement ;

(ii) Suppression de toutes les restrictions et règlements frontaliers qui, d'une manière quelconque, tendent à priver les ressortissants du Cameroun de leur entière liberté de mouvement, et abolition complète de tout passeport ou autre laissez-passer pour les ressortissants du Cameroun voyageant à l'intérieur de leur pays, quelle que soit l'Autorité chargée de l'administration ;

(iii) Obligation d'organiser immédiatement l'enseignement des langues française et anglaise dans toutes les écoles du Cameroun sous administration britannique ou française ;

(iv) Octroi à tous les autochtones du Cameroun sous administration française des droits qui ont été assurés à tous les autochtones du Cameroun sous administration britannique, en vertu de l'article XIV de l'Accord de tutelle qui garantit, «aux habitants du territoire, la liberté de parole, de presse, de réunion et de pétition» ; et

(v) Octroi aux populations du Cameroun de tous les droits et de toute l'assistance nécessaires pour leur permettre d'organiser et de créer des organisations communes tendant à assurer l'évolution du Cameroun, sous administration britannique ou française, dans les domaines politique, économique, social, culturel et autres (*extraits*).

Commission mixte. 10-13 août 1960. Équipe de travail réunie à Yaoundé après la rencontre entre Foncha et Ahidjo à Buea (15-17 juillet 1960). Présidée par Augustine Ngom Jua. Son mandat est d'étudier les différents problèmes constitutionnels relatifs à une éventuelle réunification. Ses travaux portent principalement sur la définition des compétences fédérales et celles des États. Elle est composée des délégations du Southern Cameroons (A. Ngom Jua, P.M. Kematcha, W.N. Effiom et Charles Betow) et de la République du Cameroun (V. Kanga, J. Ekwabi, Tobie Kuoh, G. Kingue-Jong, J. Owono et J. Essian). La commission formule des recommandations à la fin des travaux, parmi lesquelles la désignation d'experts neutres pour réfléchir aux questions économiques, notamment sur la possibilité de créer une zone monétaire ne relevant ni du Franc ni de la Livre Sterling pour accélérer la promotion économique de la fédération. Ces termes inclus dans le communiqué final suscitent les inquiétudes de la France, à la suite de la signature par la République du Cameroun des accords de coopération monétaire. Ces réticences françaises entraînent la mise au point officielle de la Présidence de la République du Cameroun le 18 août 1960 : « La réunification économique entraînera l'appartenance à une zone monétaire unique, d'où la nécessité d'entreprendre des études comparatives sur les zones franc et sterling (avantages et inconvénients) et sur l'éventualité d'une zone monétaire unique ». C'est à la suite des travaux de cette commission que le gouvernement camerounais commande le rapport Andersen.

Condominium. Souveraineté exercée par deux ou plusieurs États sur un même territoire colonisé. Au Cameroun (21 septembre 1915 - 4 mars 1916). Administration militaire, civile et judiciaire d'occupation commune du Kamerun, assurée par le Foreign Office (Angleterre) et le ministère des Affaires étrangères (France). La direction du condominium est établie pour la durée de la guerre à Douala et est confiée au général anglais Charles Macpherson Dobell, chef du haut commandement militaire des forces alliées au Cameroun. Les désaccords politiques entre le Royaume-Uni et la France favorisent la fin de cette forme d'administration et aboutissent à la formule du partage du territoire.

Conférence de Bamenda (26-28 juin 1961). En préparation de la conférence de Foumban, elle est convoquée par J.N. Foncha. Elle a pour but d'harmoniser les points de vue des acteurs politiques du Southern Cameroons avant cette rencontre. Elle se tient en la présence des représentants du KNDP, du CPNC, du OK ainsi que de l'Assemblée des chefs. E.M.L. Endeley y est absent. Les sujets à l'ordre du jour portent sur les compétences de l'État fédéral ainsi que celles des États fédérés, la durée du mandat présidentiel, l'éducation, la justice, les langues officielles, etc. L'idée d'établir la capitale fédérale du Cameroun à Douala est également évoquée, tout comme celle de disposer dans cette partie du pays de forces de maintien de l'ordre distinctes de celles de la partie orientale. Au cours de cette rencontre, le représentant du gouvernement britannique annonce que le retrait des forces de sécurité britanniques est fixé au 1er octobre 1961.

Conférence de Foumban (17-21 juillet 1961). Conférence constitutionnelle au cours de laquelle sont arrêtées les principales bases de la fédération camerounaise. De nombreuses controverses portent sur les conditions, les discussions et les conclusions de cette rencontre. Elle rassemble la délégation de la République du Cameroun et celle du Southern Cameroons. La première est conduite par le Président A. Ahidjo et est composée de Charles Assalé, Charles Okala, Josué Tétang, Jean Bétayéné et Christian Tobie Kuoh notamment. La seconde est conduite par le Premier ministre du Southern Cameroons, J.N. Foncha et est composée d'E.M.L. Endeley, S. Tandeng Muna, A. Ngom Jua, N.N. Mbile, John Bokwe, Bernard Fonlon et George Mbaraga notamment. Les débats portent sur l'adoption du projet de constitution de la future République Fédérale du Cameroun. Ils consacrent la mise en place d'un système fédéral avec les deux États fédérés du Cameroun occidental et du Cameroun oriental ; l'adoption de l'anglais et du français comme langues officielles de l'État fédéral ; l'élection du Président de la République fédérale au suffrage universel par l'ensemble de la population, etc. D'autres rencontres ont servi à s'accorder sur les points laissés en suspens. Ces discussions aboutissent à la Constitution de 1961.

Conférence de Londres (30 juillet-22 août 1953). Elle fait suite à l'échec de la mise en œuvre de la constitution Macpherson au Nigéria. Elle est présidée par le Secrétaire d'État britannique aux colonies, Oliver Lyttelton. Aux côtés des acteurs politiques nigérians, ceux du Cameroun sous tutelle britannique sont également invités. E.M.L. Endeley, J.C. Kangsen (Southern Cameroon) et Mallam Abba Habid (Northern Cameroon) sont choisis pour y représenter le territoire. N.N. Mbile y participe en tant que délégué pro-NCNC. La conférence aboutit principalement à l'octroi d'une plus grande autonomie aux régions. Un rapport financier est également commandé à Sir Louis Chick afin de déterminer l'allocation des revenus tenant compte de l'évolution de la forme de gouvernement. Au cours des travaux, Endeley maintient la revendication de création d'une assemblée législative au Southern Cameroon. Son homologue Mallam Abba Habid opte pour le rattachement du Northern Cameroon à la région du Northern Nigeria. Lyttleton assure Endeley de la création un organe législatif au Southern Cameroon en cas de victoire du KNC aux élections de 1953. Suite aux réserves formulées par Mbile, le rapport Chick se voit confier la mission d'évaluer la viabilité économique du Southern Cameroons. Une conférence de suivi est convoquée à Lagos en janvier 1954.

Conférence de Londres. (23 mai-26 juin 1957). Elle fait suite au mémorandum des Premiers ministres des trois régions du Nigéria ainsi que du Chef du Conseil exécutif du Southern Cameroons, pour l'accession de la fédération à l'indépendance en 1959. Elle est présidée par le Secrétaire d'État britannique aux colonies, Alan Tindale Lennox-Boyd. Elle réunit 10 délégués et 5 conseillers de chacune des régions (Est, Ouest et Nord) de la Fédération nigériane. Le Cameroun méridional est représenté par cinq délégués (3 du KNC, 1 du KNDP, 1 du KPP) et par trois conseillers. Un délégué du Cameroun septentrional est intégré à la région nord du Nigéria. La conférence aboutit principalement à l'octroi de l'autonomie interne complète aux régions est et ouest. La discussion porte aussi sur l'avenir du Southern Cameroons après l'indépendance du Nigéria.

> Before Nigeria becomes independent the people of the North and South sectors of the Cameroons would have to say freely what their wishes were as to their own future. Among the options open to them would be to continue under the Trust Administration of the United Kingdom. I must in fairness add the warning that you would not thereby be given the golden key to the Bank of England! But many of the best friends of the Cameroons do not foresee a destiny more likely to promote her happiness and prosperity than in continued association with Nigeria (*A.T. Lennox-Boyd, Secrétaire d'État aux colonies*).

Le KNDP y présente un mémorandum demandant la séparation du Cameroun sous administration britannique de la Fédération nigériane. Ce mémorandum porte aussi sur le désir de réunification exprimé par les partis politiques et les associations traditionnelles et la réunion des deux parties du Cameroun sous administration britannique. Le représentant du Northern Cameroons réaffirme le souhait de ce territoire de rester rattaché au Northern Nigeria. Les participants s'accordent sur l'octroi du statut intégral de région au Cameroun méridional avec la création du poste de Premier ministre, l'élargissement de la Chambre d'Assemblée et la création d'une Assemblée consultative des chefs traditionnels.

Conférence de Londres (novembre 1960). Elle réunit autour du Secrétaire d'État britannique aux colonies, Sir Iain Norman Macleod, les représentants du KNDP (J.N. Foncha, S.T. Muna, A.N. Jua, W.N. Effiom), du CPNC (Dr E.M.L. Endeley, P.N. Motomby-Woleta, Rev. J.C. Kangsen, S.E. Ncha), du KUP (P.M. Kale), Fon Galega II et chief Oben, ainsi que J.O. Field Commissaire du Southern Cameroons. L'ordre du jour porte sur l'interprétation des questions du plébiscite, notamment de la seconde option. Les leaders politiques n'arrivent pas toujours à trouver un terrain d'entente. Le Royaume-Uni y défend l'idée qu'il ne saurait y avoir d'alternative aux deux questions du plébiscite. Certains participants, dont Foncha, souhaitent l'instauration d'une période transitoire d'indépendance du Southern Cameroons avant de rejoindre la République du Cameroun. Pour le Secrétaire d'État aux colonies I.N. Macleod, la première option du plébiscite ferait du Southern Cameroons une région distincte dans la Fédération du Nigéria. La seconde option excluait la possibilité d'une prolongation de la tutelle et de constitution d'un État indépendant et distinct du Southern Cameroons. Le choix de cette option impliquerait alors la levée rapide de la tutelle et le transfert de la souveraineté à la République du Cameroun.

Conférence de Mamfe (10-11 août 1959). Conférence des parties sur le plébiscite. Elle fait suite à la résolution 1350 (XIII) de l'Assemblée générale de l'ONU. Elle est présidée par Sir Sydney Phillipson. Elle se tient en la présence des délégués des partis politiques (KNDP, KNC-KPP, OK et KUP), des groupes de pression (Kamerun Society, NUKS), des *Native Authorities* et certains chefs traditionnels. L'ordre du jour porte sur le choix des options à proposer et sur la qualité des électeurs lors du plébiscite planifié pour 1959-1960 au Southern Cameroons. Parmi ces options sont discutées l'autonomie au sein de la Fédération du Nigéria (KNC-KPP), la séparation du Nigéria et la prolongation de la tutelle avant qu'une décision soit prise (KNDP), la séparation du Nigéria et l'indépendance du Southern Cameroons (KUP), la séparation du Nigéria et l'unification avec le Cameroun sous administration française devenu indépendant (OK). Face à la mésentente entre les participants sur ces différentes options, le problème est débattu devant la Chambre d'Assemblée du Southern Cameroons le 9 septembre et renvoyé devant la Quatrième commission de l'ONU lors de l'Assemblée générale de septembre-octobre 1959.

Conférence pan-camerounaise des étudiants (27-30 août 1959). Conférence conjointe du NUKS et de l'UNEK sur la réunification du Cameroun. Elle fait suite à la décision de l'UNEK, lors de son IXe congrès les 26-30 décembre 1958 à Paris, d'appeler à la tenue « d'une conférence pan-kamerunaise où seront discutés et examinés l'ensemble des problèmes que pose la réunification ». Joseph Sack, Michel Ndooh, Thomas Melone, Albert Mukong, Gorji Dinka, Foalem Fosto et Tchinda sont quelques-uns des étudiants présents à cette réunion. Des personnalités politiques dont Michel Njine, Théodore Mayi Matip et Dr Marcel Bebey Eyidi, y assistent également. John Ngu Foncha fait tenir une intervention dans laquelle il indique notamment : "Everybody who makes reunification a condition for secession is an enemy working in favour of integration in the Nigerian Federation". Sur la question de la réunification, la conférence recommande la création d'un comité chargé de la propagande, l'établissement de contacts fréquents entre les gouvernements des différents territoires du Cameroun et la mise sur pied d'un comité chargé d'élaborer une loi électorale en vue de désigner une assemblée commune en avril 1960.

Conférence tripartite de Buea (15-17 mai 1961). Elle est présidée par J.O. Field. Elle se tient en la Chambre d'Assemblée du Southern Cameroons en la présence de la délégation du Royaume-Uni conduite par Sir Roger Stevens du Foreign Office, celle de la République du Cameroun conduite par A. Ahidjo et celle du Southern Cameroons conduite par J.N. Foncha. Les discussions portent sur les modalités de transfert de la souveraineté du Southern Cameroons. Aucun consensus ne se dégage de cette conférence.

Conférence tripartite de Buea (14-19 juin 1961). Comme lors de la précédente rencontre de Buea, elle est présidée par J.O. Field. Elle se tient en la Chambre d'Assemblée du Southern Cameroons en la présence de la délégation du Royaume-Uni conduite par Sir Roger Stevens du Foreign Office, celle de la République du Cameroun conduite par A. Ahidjo et celle du Southern Cameroons conduite par J.N. Foncha. Elle porte, elle aussi, sur les modalités de transfert de la souveraineté du Southern Cameroons. Au cours de ces assises, Foncha et Ahidjo ne s'entendent pas sur la question du transfert de souveraineté du Southern Cameroons. Ahidjo souhaite qu'elle lui soit transférée à la République du Cameroun le 1er octobre 1961 tandis que Foncha pense qu'elle devrait l'être à une fédération déjà existante. Sir Stevens propose, comme à la première rencontre de Buea, que la rédaction d'une constitution fasse l'objet d'un consensus interne entre Foncha et Ahidjo.

Conférence tripartite de Yaoundé (2-7 août 1961). Elle se tient en présence de la délégation du Royaume-Uni conduite par Christopher Eastwood, celle de la République du Cameroun conduite par A. Ahidjo et celle du Southern Cameroons conduite par J.N. Foncha. Elle porte sur la finalisation des décisions constitutionnelles de Foumban, devant aboutir à la définition des modalités de transfert de la souveraineté du Southern Cameroons. Plusieurs sujets sont abordés dont le sort des ressortissants camerounais exerçant dans la fonction publique, dans l'armée et dans la police du Nigéria, le sort des fonctionnaires étrangers en service au Southern Cameroons, la situation des services relevant des questions fédérales, et le problème de la monnaie. En plus d'arrêter le texte de la future constitution, cette conférence décide de l'effectivité de la Fédération dès le 1ᵉʳ octobre 1961, de la tenue des élections générales avant 1963, de la confirmation d'Ahidjo et de Foncha respectivement aux postes du président et vice-président de la fédération ainsi que des modalités de transfert de la souveraineté du Southern Cameroons par le Royaume-Uni.

Congrès de Kumba (14-17 décembre 1951). Il se tient à l'initiative du KUNC. Y sont entre autres présents R.J.K. Dibongue, N.N. Mbile, J.H. Ngu, J.N. Foncha, R. Um Nyobe, A. Kingue ainsi des délégations de l'Évolution Sociale Camerounaise (ESOCAM), du Kumzse et du Ngondo. Après le retrait de ces trois dernières formations, les participants s'accordent sur la diffusion d'un tract qui porte sur le changement complet des lois restreignant les déplacements des Camerounais à travers le territoire ; l'instauration de l'enseignement du français et de l'anglais dans toutes les écoles des deux zones sous tutelle ; la création d'un parlement avec des pouvoirs législatifs et exécutifs ainsi que l'octroi d'un statut régional au Southern Cameroons ; la création d'un parlement ayant les mêmes compétences ainsi que l'octroi de l'autonomie au Cameroun sous administration française ; la sauvegarde des droits (de parole, de réunion, de presse et de pétition) garantis par les Nations Unies ; la révision des accords de tutelle ; la représentation des Camerounais au Conseil de tutelle de l'ONU ; la mise sur pied d'un programme devant conduire dans une période déterminée à l'autodétermination du Cameroun unifié.

Conseil de tutelle. Organe de l'Organisation des Nations Unies (ONU). Institué par le Chapitre XIII de la Charte de 1945. Il est chargé, sous l'autorité de l'Assemblée générale de cette organisation, de la mise en œuvre du régime international de tutelle (*Voir Tutelle*).

Constitution (1961). Loi n°61-24 « portant révision constitutionnelle et tendant à adapter la Constitution actuelle aux nécessités du Cameroun réunifié ». Adoptée par l'Assemblée nationale le 14 août et promulguée par le Président de la République du Cameroun le 1ᵉʳ septembre. Elle fait suite aux dispositions négociées ainsi qu'aux conférences tenues en 1960-1961. Elle consacre l'existence dès le 1ᵉʳ octobre d'une fédération constituée de la République du Cameroun et de l'ancien Cameroun sous administration britannique. Elle met en place un régime présidentiel à l'échelon fédéral et un régime parlementaire à l'échelon fédéré. Elle consacre également les fonctions de Président et de Vice-président de la fédération.

Constitution (1972). Loi du 2 juin. Elle consacre le passage de la République Fédérale à la République Unie du Cameroun. Elle fait suite au référendum du 20 mai.

Conversations franco-britanniques (ou encore entretiens franco-britanniques). Instances de discussion sur l'avenir du Cameroun et d'harmonisation des positions de la France et du Royaume-Uni à présenter devant le Conseil de tutelle sur cette question. Démarche mise en place suite à la pétition du KUNC de 1951. Elles sont préconisées lors de la Conférence consacrée aux mouvements d'unification du Cameroun du 10 mars 1952 à Paris, entre les autorités centrales et locales de la France au Cameroun pour déterminer leur attitude à la suite de cette pétition. L'une des recommandations est d'inscrire la question à l'ordre du jour des discussions entre les ministres français et britannique des colonies. Ces entretiens portent de manière générale sur les problèmes d'outre-mer et accordent toujours un point à l'avenir du Cameroun. Elles ont notamment lieu le 29 avril 1952 à Paris ; du 31 mai au 2 juin 1955 ; les 17-18 mai 1956 à Paris ; le 17 mars à Paris et le 1er décembre 1958 à Londres ; les 8-9 juin et 7-8 décembre 1959 à Londres ; les 8-9 juillet 1960 à Paris. Les discussions des 12 et 13 septembre 1960 à Londres portent par exemple sur le vide de sécurité, le passage de la zone Sterling à la zone Franc et la question des débouchés de la banane produite par la Cameroon Development Corporation (CDC) et l'adaptation linguistique et administrative du Southern Cameroons s'il venait à rejoindre la République du Cameroun après le plébiscite à venir. Les entretiens franco-britanniques inspirent en 1956 (1er-2 octobre) les entretiens tripartites sur les questions d'outre-mer associant la Belgique, puis en 1957 (1er-3 juillet), les entretiens quadripartites incluant le Portugal.

CORECA (Comité de réunification du Cameroun). Groupe de pression. Créé le 26 mai 1958 à Douala. Il est présenté comme une association modérée, apolitique et laïque. Son Comité directeur est présidé par Ned Collins Henri. Son objectif est de créer et d'entretenir des contacts entre les habitants des deux zones du Cameroun ; de rallier les deux populations à l'idée de réunification ; d'entreprendre des conférences, des excursions et de mettre tout en œuvre en vue de faire comprendre à tous les Camerounais l'intérêt de la réunification. Il milite ainsi pour la réunification, l'indépendance immédiate, l'amnistie inconditionnelle ainsi que l'abrogation des décrets de dissolution de l'UPC et de ses organismes annexes. Le CORECA réussit à attirer des personnalités comme Dr Bebey Eyidi et prince Dicka Akwa. Il conduit des visites au Southern Cameroons, comme à Kumba les 30-31 août 1958. Il reçoit également la visite de délégations de cette partie du territoire, dont celles de Dr

Guanelou et Victor Mukete, le 6 septembre 1958 ainsi que de Chief Manga Williams le 22 octobre 1958.

CPNC (Cameroons People's National Convention). Parti politique. Formé en 1960 de la fusion du KNC et du KPP. Il est le résultat de l'ambition de certains leaders politiques (E.M.L. Endeley, N.N. Mbile, P.M. Kale et P.N. Motomby-Woleta) de contrecarrer l'hégémonie du KNDP après les élections de 1959 à la Chambre d'Assemblée du Southern Cameroons. Le CPNC prône l'intégration du territoire à la fédération du Nigéria. Il reçoit à cet effet l'aide de partis politiques nigérians pour la campagne du plébiscite de 1961. Au cours de l'Assemblée générale de l'ONU d'avril 1961, après le plébiscite, les délégués du CPNC (Endeley, Mbile, Ajebe Sone, chief Bokwe Sakwe, et S. Ando Seh) demandent en vain le recomptage des voix par tribu ou clan, ce qui indiquerait selon eux la volonté circonscriptions de Kumba et de Victoria de rejoindre la fédération du Nigéria. Le 11 mai 1961, les leaders du KNDP et CPNC se rencontrent à Buea. Dans un communiqué de presse final, ils déclarent oublier le passé afin de penser à l'avenir du Cameroun, Endeley et ses camarades du CNPC acceptant finalement les résultats du plébiscite du 11 février 1961.

Crise de l'Assemblée régionale de l'Est (29 janvier-6 mai 1953). Crise politique. Elle éclate suite à l'incapacité des élus du National Council of Nigéria and Cameroon (NCNC), majoritaires à l'Assemblée, à mettre fin à leurs dissensions. La crise se cristallise autour de la volonté du président du parti, Nnamdi Azikiwe, d'imposer une discipline de parti afin de remettre en cause la Constitution Macpherson au sein de cette chambre, et du refus de son Vice-président Eyo Ita de se plier à la consigne de démission des ministres du NCNC du gouvernement régional. Ne pouvant plus fonctionner, l'Assemblée est dissoute le 6 mai. Les pourparlers se tiennent à Londres de juillet 1953 à janvier 1954 et aboutissent en octobre 1954 à la Constitution Lyttelton.

Cette crise a été l'occasion pour les élus du Cameroun méridional à l'Assemblée régionale de l'Est, et par conséquent à l'Assemblée fédérale et au gouvernement fédéral du Nigéria, d'intensifier leur demande d'autonomie régionale. Cette demande a également été associée à l'idée de l'unification du Cameroun. À l'exception de N.N. Mbile, P.N. Motomby-Woleta, R.N. Charley et Sama Ndi, les représentants camerounais adoptent la position de la « neutralité bienveillante » (Cameroons benevolent neutrality) par laquelle ils s'abstiennent d'intervenir dorénavant dans les affaires politiques du Nigéria et rompent leur lien avec le NCNC. Le 14 avril 1953, Azikiwe déclare que son parti reconnaît le statut international du Cameroun et soutient sa demande de création d'une Assemblée régionale distincte. Face au refus de la réintégration de Solomon Tandeng Muna dans le gouvernement régional de l'Est du Nigéria, une grande majorité des représentants camerounais rompent toute relation avec la Chambre de l'Est. Ils se retrouvent à Mamfe du 22 au 24 mai 1953 pour expliquer la portée de leur position aux populations et envoyer une pétition au Secrétaire d'État aux colonies à Londres.

CUC (Cameroon United Congress). Parti politique. Créé en 1965 par Solomon T. Muna suite à son expulsion du KNDP. Il est conjointement pour la préservation de l'État Fédéral, la création d'un parti unique et la formation d'un État unitaire. Son slogan est : « un pays, un gouvernement, un drapeau, une monnaie ».

CUN (Courant d'Union Nationale). Mouvement politique. Il est créé par P. Soppo Priso en 1956. Faisant suite à l'interdiction de l'UPC en 1955 ainsi qu'à l'examen et la promulgation de la Loi-cadre du 23 juin 1956, ce mouvement vise à rassembler les forces politiques du Cameroun sous administration française autour d'un « programme minimum » afin que soit prise en compte la spécificité juridique du territoire. Les quatre points de ce programme sont : le rejet des propositions concernant le Cameroun figurant dans la Loi-cadre ; la dissolution de l'ATCAM et l'organisation de nouvelles élections au suffrage universel et à un seul collège électoral ; l'amnistie générale suite aux évènements de mai 1955 ; l'unification du Cameroun. Face à la stratégie de l'administration de ne pas accorder d'amnistie avant les élections du 23 décembre 1956, une partie du mouvement, dont des membres de l'UPC, prône l'abstention. La décision de Soppo Priso de s'y présenter néanmoins fragilise le mouvement, malgré la formation en 1957 du MANC.

CYL (Cameroon Youth League). Association. Elle est créée à Lagos en 1939 par les étudiants originaires du Cameroun britannique poursuivant leurs études dans les différents centres de formation et écoles au Nigéria. Son objectif est de trouver les solutions aux problèmes économiques, politiques, éducationnels et sociaux des populations du Cameroun britannique, ainsi que d'obtenir la reconnaissance du statut particulier de ce territoire. Pour bien faire fonctionner leurs activités, une branche de la CYL fut créée dans chaque collège qui comptait plus de trois ressortissants camerounais. Ce groupe de pression cesse de fonctionner vers 1950 à cause de l'instabilité de ses membres. Certains d'entre eux, comme P.M. Kale, E.M.L. Endeley et J.N Foncha, animent plus tard la scène politique au Southern Cameroons.

D

Déclaration franco-britannique (ou déclaration Milner-Simon ou accord Milner-Simon, 10 juillet 1919). Fait suite à l'Accord franco-britannique du 4 mars 1916. Signée à Londres entre Le Vicomte Milner, Secrétaire d'État du ministère des colonies de la Grande-Bretagne et Henry Simon, ministre des colonies de la République française. Elle détermine sur une carte Moisel au 1/300 000 la frontière séparant les territoires camerounais placés sous l'administration respective du Royaume-Uni et de la France. La Société des Nations entérine ces accords dans les articles 22 et 23 de l'Accord de mandat en 1922. La déclaration Thomson-Marchand du 9 janvier 1931 apporte des précisions à ce texte.

Déclaration Thomson-Marchand. Accords passés entre le gouverneur du Nigéria Graeme Thomson et le Commissaire de la France au Cameroun Théodore Paul Marchand, le 29 décembre 1929 et le 31 janvier 1930. Entérinée le 9 janvier 1931 par l'échange de notes entre l'ambassadeur de France à Londres Aimé Joseph de Fleuriau et le ministre britannique des Affaires étrangères Arthur Henderson. Elle apporte des précisions à la déclaration Milner-Simon de 1919.

Deuil national (1er juin 1961). Journée d'hommage nationale. Décrétée le 31 mai par Ahidjo pour marquer le rattachement du Northern Cameroons à la fédération du Nigéria le 1er juin 1961.

1. Tous les drapeaux (nationaux ou étrangers) seront mis en berne durant toute la journée du 1er juin 1961.
2. Un arrêt de toutes les activités publiques et privées interviendra dans la matinée du 1er juin 1961 jusqu'à 12 heures. Ces heures chômées seront payées. Cette

matinée sera donc une matinée de silence et de recueillement.
3. Des services religieux seront organisés dans tous les lieux de culte de 9 à 10 heures.
4. La radiodiffusion du Cameroun organisera exclusivement des programmes d'informations ou d'émissions parlées, sans musique. Toutes les manifestations publiques, mouvements de masses, cortèges ou rassemblements, de même que les discours et déclarations ne seront pas autorisées.

Dibongue (Robert Jabea Kum).1896-1974. Diplômé des lettres germaniques, homme politique camerounais. Secrétaire dans l'administration allemande du Cameroun jusqu'en 1916. Il émigre à Enugu en 1918 où il exerce la même fonction. À sa retraite, il fonde la FCWU en 1947 et en est le président. En 1949, il s'associe avec Endeley pour former la CNF. Il est aussi le tout premier président général du KUNC. Suite à la scission du KUNC, il participe à la création du KNC en 1953 dont il demeure le président, Endeley étant le président du groupe parlementaire. Dans cette formation politique, il ne cesse de prôner l'unification du Southern Cameroons avec le Cameroun sous administration française. À partir de 1955, il prône le rattachement du Southern Cameroons au Nigéria.

Dispositions constitutionnelles (Discussions sur les). Ensemble de conférences et d'entretiens relatifs au statut, après le plébiscite de 1961, du Cameroun sous administration britannique. Elles font suite à la résolution 2013 (XXVI) du Conseil de tutelle, du 31 mai 1960.

1) S'agissant du possible rattachement à la Fédération du Nigéria, la Conférence de Londres de 1958 déjà convient d'accorder au Southern Cameroons le statut de région

autonome, « en tous points égale aux autres régions d'une Nigéria indépendante ». Cette option est confirmée aux conférences de Londres de mai et d'octobre 1960.

2) S'agissant du possible rattachement du Southern Cameroons à la République du Cameroun, cinq rencontres ont lieu entre Ahmadou Ahidjo et John Ngu Foncha en 1960 : (i) à Yaoundé, le 1er janvier en marge des festivités de l'indépendance du Cameroun sous administration française. (ii) à Buea, du 15 au 17 juillet lors de la visite du nouveau Président de la République du Cameroun et de sa délégation au Southern Cameroons.

> Les représentants des deux parties du Kamerun ont adopté la résolution suivante : 1) Ont réaffirmé le vœu ardent des populations dont ils étaient les porte-parole d'obtenir la réunification ; 2) Ont convenu de s'unir sur une base fédérale adaptable aux conditions particulières à toutes les parties du Kamerun ; 3) Ont décidé de créer un comité mixte chargé d'étudier les divers problèmes constitutionnels pouvant résulter de la réunification ; 4) Ont résolu de convoquer à une date ultérieure une conférence groupant des représentants de toutes les parties du Kamerun qui auraient pour tâche d'examiner les propositions du comité mixte (*extrait du communiqué final*).

(iii) à Yaoundé, du 10 au 13 octobre. Elle aboutit à l'adoption d'une résolution (« la réalisation de l'union sur une base fédérative adaptable aux conditions particulières à toutes les parties du Cameroun pourrait se faire non pas automatiquement, mais graduellement ») et de « Propositions préliminaires à un projet de constitution pour une république camerounaise fédérative unifiée ». Le principe de l'adhésion de cette fédération « ni au Commonwealth britannique ni à la Communauté française » est également arrêté. (iv) à Yaoundé, les 1-3 décembre qui aboutit à un communiqué commun qui indique l'accord des deux parties sur l'interprétation des deux questions du plébiscite telle qu'acceptée à la Conférence de Londres de novembre et le principe de la convocation immédiate d'une conférence, si les résultats du plébiscite sont favorables à la réunification, pour fixer les délais et les conditions du transfert des attributions de souveraineté à un organisme représentant la future fédération. (v) à Douala, les 20-21 décembre relatif à un projet de déclaration sur le statut constitutionnel du Southern Cameroons et la forme d'État envisagée.

3) S'agissant du possible rattachement du Northern Cameroons à la République du Cameroun, cette dernière reproche au Royaume-Uni de n'avoir pas réalisé la séparation administrative du Nigéria et de n'avoir pas conduit les populations de la région septentrionale à la capacité de s'administrer eux-mêmes, nuisant ainsi aux négociations. Dans un communiqué du 31 décembre 1960, la République du Cameroun propose à cette partie du territoire de voter massivement pour la réunification et d'entamer en cas de victoire des négociations libres pour constituer, soit une fédération comme avec le Southern Cameroons, soit une entité dotée d'une autonomie provinciale, soit encore une unification administrative sous la forme de collectivités régionales ou provinciales.

C'est sur la base de ces différents accords que l'administration britannique publie deux documents pour l'information des votants : *Northern Cameroons Plebiscite, 1961: the Constitutional Arrangements for the Implementation of the Decision at the Plebiscite* (16 janvier 1961) et *Southern Cameroons Plebiscite, 1961. The Two Alternatives: the Constitutional Arrangements for the Implementation of the Decision at the Plebiscite* (27 janvier 1961).

Le choix de la réunification au Southern Cameroons donne lieu à d'autres conférences (Bamenda, Buea,

Foumban et Yaoundé) entre les délégations conduites par A. Ahidjo et J.N. Foncha.

Djalal (Dr Abdoh). 1909-1996. Avocat, diplomate et ministre iranien. Désigné commissaire aux plébiscites par l'Assemblée générale des Nations Unies le 13 mars 1959. Il préside la commission du plébiscite aux Northern et Southern Cameroons en 1959 et 1961. Celle de 1961 est en outre composée de J.R. Bennett, secrétaire principal de la commission ; W.T. Mashler en charge des questions politiques ; C. Cuenca en charge des questions juridiques ; S. Michel en charge des questions administratives ; A. Chang en charge de la presse et de l'information ; N. Tordini en charge des finances et M. Williams, officier de liaison au Cameroun septentrional. Elle est appuyée par 10 observateurs au Southern Cameroons et 9 autres au Northern Cameroons. Le compte rendu qu'il adresse le 30 mars 1961 au Secrétaire général de l'ONU (Rapport du Commissaire des Nations Unies chargé de la surveillance des plébiscites dans les parties méridionale et septentrionale du territoire sous tutelle du Cameroun sous administration du Royaume-Uni, 272p.) Est l'élément de discussions ayant abouti à la validation des résultats de ces consultations par l'ONU. C'est aussi une source importante d'histoire politique et de sociologie électorale de ce territoire avant et pendant les plébiscites.

Djoumessi (Mathias). 1900-1966. Planteur, éleveur, chef traditionnel et homme politique camerounais. Il fonde et préside le Kumzse en 1947. Il s'investit dans le mouvement coopératif avec la création de la Coopérative de production, de collecte et de vente (COOPCOLV) en 1948. Il est le premier président de l'UPC (1950-1952). Il est également membre de l'ARCAM (1946-1947), de l'ATCAM et de l'ALCAM (1952-1960). Il fonde le parti des Paysans Indépendants en 1956. Il devient ministre chargé des affaires réservées et études dans le gouvernement d'A.-M. Mbida et ministre-résident à Dschang dans le gouvernement d'Ahidjo. Il fait de l'unification du Cameroun l'une des principales revendications politiques du Kumzse. Il noue des liens dans cette perspective avec différents mouvements et personnalités politiques du Southern Cameroons.

E

Elangwe (Namata Henry). 1932-2014. Pharmacien, chef traditionnel et homme politique camerounais. Il fait ses études au St Joseph's College de Sasse et obtient son diplôme à l'école de pharmacie de Yaba au Nigéria. Il est Secrétaire politique du KPP entre 1956 et 1958, puis Secrétaire général du CPNC en 1960. Il est élu en 1961 à la Chambre des députés du Cameroun occidental. Il occupe les postes de Secrétaire d'État aux finances (1968-1970) et ministre adjoint chargé des finances (1970-1972) du Cameroun occidental. En 1970, il devient Vice-Premier ministre du Cameroun occidental. Il est également trésorier national adjoint (1966-1985) et secrétaire politique adjoint (1969-1985) de l'UNC. De 1972 à 1979, il est ministre des Mines et de l'Énergie du Cameroun.

Endeley (Dr Emmanuel Mbela Lifafe). 1916-1988. Médecin, syndicaliste et homme politique camerounais. Il fait ses études à Buea et à Bonjongo, puis à Umuahia et Yaba au Nigéria. Après l'obtention de son diplôme, il exerce comme médecin tour à tour à Port-Harcourt, Lagos et Buea. Il participe à la création de plusieurs associations culturelles, syndicales et politiques : la CYL en 1939, la Bakweri Improvement Union en 1944, la CFU en 1946, la CNF en 1949, la Bakweri Cooperative Union of Farmers en 1952, la CPNC en 1960. Après avoir participé à la formation de la CDC Workers Union, il en devient le Secrétaire général en 1948. En 1951, il est élu à la Chambre des représentants de Lagos et à l'Assemblée de l'Est à Enugu, au Nigéria. Au sein du gouvernement central à Lagos, il occupe d'abord les fonctions de ministre sans portefeuille puis de ministre du Travail. Il conduit avec J.N. Foncha et S.T. Muna la scission d'avec le NCNC pour former le KNC en 1953. Il a joué un rôle notable dans l'octroi du statut de quasi-région au Southern Cameroons en 1954. Il est chargé des affaires locales et des sociétés coopératives dans le conseil exécutif du Southern Cameroons mis en place en 1954 ; il en est également le leader. Il devient le premier Premier ministre du territoire, du 15 mai 1958 au 30 janvier 1959. De 1949 à 1961, sa position sur la réunification fluctue : il est d'abord partisan d'une séparation du Southern Cameroons de la région Est du Nigéria, ensuite d'une unification avec le Cameroun sous administration française et enfin de l'existence d'une région autonome distincte au sein de la fédération du Nigéria après son indépendance. Il est élu député à l'Assemblée nationale du Cameroun à Yaoundé en 1973.

Eyidi (Dr Marcel Bebey). 1924-1966. Médecin et homme politique camerounais. Il sert comme médecin auxiliaire dans les forces armées de la France Libre en 1940. Il est directeur du journal libéral *L'opinion au Cameroun*. Il publie en 1951 l'ouvrage *Le Vainqueur de la maladie du sommeil le Docteur Eugène Jamot : 1879-1937*. Il milite activement pour le boycott des élections du 23 décembre 1956 en prônant l'amnistie en faveur de l'UPC interdite en 1955 ; il milite plus tard pour la dissolution de l'ALCAM. Sa proximité avec l'UPC sous maquis lui vaut d'être arrêté en 1958. Il fonde cette même année le Comité de regroupement des forces nationalistes (CRFN) avec pour objectif de faciliter l'expression des sentiments et de constituer un mouvement d'opposition légal. Il est également membre du Bureau national kamerunais de la Conférence des peuples africains (BNKCPA) en 1960. Partisan de la réunification du Cameroun, il est proche du CORECA et défend cette idée devant la Quatrième Commission de l'ONU en 1959 et 1961. Devenu député en 1960, il fonde le parti travailliste camerounais (PTC). En juillet 1962, il met sur pied avec André-Marie Mbida, Charles Okala et Mayi Matip le Front National Unifié pour contrecarrer les velléités dans la formation du parti unique. Emprisonné pour cette cause, il sort de son internement administratif en août 1965.

F

FCWU (French Cameroons Welfare Union). Groupe de pression. Créé en 1948 par R.J.K. Dibongue, son siège est Victoria (Limbe). Cette association regroupe des émigrants du Cameroun sous administration française résidant au Cameroun sous administration britannique. C'est à son initiative qu'est convoquée la rencontre de Kumba des 12 et 13 octobre 1951 pour constituer un « front national unifié ». Il se fond dans le KUNC créé à cette occasion.

Fédération. Regroupement d'États sur une base constitutionnelle qui partage les pouvoirs entre l'échelon fédéral et les échelons fédérés. Au Cameroun (1er octobre 1961-20 mai 1972), c'est la forme juridique de la réunification arrêtée lors de la rencontre entre Ahidjo et Foncha à Yaoundé le 18 juillet 1960. Après une longue période d'incertitudes, son contenu est défini lors de la conférence de Foumban des 17-21 juillet 1961. (*Voir République Fédérale du Cameroun*)

Fédération souple (*Loose Federation*). Forme de fédération dotée d'un pouvoir central aux compétences limitées, laissant aux États membres l'essentiel de leur indépendance. Confédération. C'est l'option proposée par J.N. Foncha au début des discussions sur les dispositions constitutionnelles de la réunification.

Foncha (John Ngu). 1916-1999. Enseignant et homme politique camerounais. Il fait ses études à Bamenda ainsi qu'à Buguma, Onitsha et Ibadan au Nigéria. Après diverses expériences dans l'enseignement dès 1934, il est directeur d'école de 1940 à 1954. Membre du CYL, secrétaire général de la Bamenda Improvement Association, membre du CNF et membre du comité directeur du KUNC, il est également proche de Mathias Djoumessi et du Kumzse. Il représente la division Bamenda à la Chambre d'assemblée régionale de l'Est du Nigéria en 1951. Il conduit avec E.M.L et Solomon Tandeng Muna la scission d'avec le NCNC pour former le KNC en 1953. Il en devient le secrétaire adjoint. Suite à la rupture des relations entre le KNC et l'UPC, il fonde le KNDP en 1955 dont il est le secrétaire général, avant de se désolidariser des positions radicales des leaders upécistes en exil en 1957. Il est membre de la Chambre d'Asemblée du Southern Cameroons de 1954 à 1954 à 1959. Bénéficiant de son engagement constant pour la réunification, son parti remporte les élections générales de 1959 au Southern Cameroons et Foncha remplace E.M.L. Endeley au poste de Premier ministre de 1959 à 1965. À ce titre, il conduit avec A. Ahidjo les discussions constitutionnelles pour la réunification avec la République du Cameroun, en 1960 et 1961. Après celle-ci, il devient vice-président de la République Fédérale jusqu'en 1970.

Fonlon (Dr Bernard Nsokika). 1924-1986. Séminariste, enseignant et homme de lettres camerounais. Il fait ses études à Kumbo, Shisong et Kom, ainsi qu'à Onistha au Nigéria. Il est enseignant à Sasse et s'inscrit au séminaire à Enugu où il est formé à la philosophie et à la théologie. Abandonnant sa vocation à la prêtrise, il poursuit ses études dans les universités de Cork, de la Sorbonne et d'Oxford. Polyglotte, il parle anglais, français, allemand, italien, en plus de lire le latin. Il collabore à la rédaction de la revue *Présence Africaine* de 1958 à 1961. Il est Secrétaire du Premier ministre du Cameroun occidental en 1961. Il occupe ensuite les fonctions de Chargé de mission à la Présidence de la République (1961-1964) de ministre des Affaires étrangères (1964-1968) et ministre des Transports, postes et télécommunications (1968-1970). Fervent partisan de la réunification, il rédige et propose en 1961 la version en langue anglaise de l'hymne national. Il co-fonde la revue *Abbia : the Cameroon Cultural Review* en 1962, chargée de faire la promotion du bilinguisme au Cameroun.

G

Galega II (Fon Vincent Samdala). 1906-1985. Infirmier, chef traditionnel et homme politique camerounais. Il devient Fon des Bali en 1940. Il fonde la Bali Improvement Union en 1943. Sous la constitution Richards du Nigéria (1946-1951), il est désigné représentant du Cameroun méridional à l'Assemblée régionale de l'Est à Enugu. Il est membre du KNC de 1963 à 1957. Lors de la visite de la Mission de visite de l'ONU en 1955, il prononce à Bamenda une allocution dans laquelle il prône la réunification des deux parties du Cameroun. Il participe à la Conférence constitutionnelle de Londres en 1957 où il présente un mémorandum proche de la position du KNDP. Il est également l'un des participants à la Conférence de Londres de 1960.

Gorji Dinka (Fon Fongum Y.). 1930-. Avocat, chef traditionnel et homme politique camerounais. Il fait ses études à Sasse et au Council of Legal Education Law School. Membre de la NUKS, il fait partie de la délégation officielle de cette association à la treizième Assemblée générale des Nations Unies (20 février-13 mars 1959) sur l'avenir des territoires sous tutelle du Cameroun sous administration britannique et sous administration française, pour défendre l'idée de la réunification de ce territoire. Il est chef des Widikum. Il est, de 1974 à 1982, le premier président du barreau du Cameroun.

H

Hymne (national). Chant de ralliement composé par les élèves de l'École normale de Foulassi en 1928, dont le compositeur des paroles René Jam Afane et le compositeur de la musique Samuel Minkyo Bamba. Adopté par l'ALCAM en 1957 comme hymne national du Cameroun sous administration française. Traduit en anglais par Dr Bernard Fonlon en 1961. Cette version anglaise est adoptée par l'Assemblée nationale le 12 juillet 1978.

I

Immigrés (au Cameroun sous administration britannique). Ensemble des populations d'origine africaine venues du Nigéria et du Cameroun sous administration française et installées dans le territoire. Ils jouent un rôle influent dans la genèse et la diffusion de l'idée de la réunification.

1) Les Igbo. Groupe ethnique du sud du Nigéria. Du fait de l'intégration du Cameroun sous administration britannique à la région Est du Nigéria, ils y gagnent de l'influence économique et politique. Le NCNC, parti regroupant de nombreux Igbo, devient la principale force politique jusqu'à la crise de la Chambre de l'Est en 1953. Il garde après cette date des affinités avec le KPP et est favorable à l'intégration du Cameroun sous administration britannique à la Fédération du Nigéria. L'idée de l'unification avec le Cameroun sous administration française résulte de la volonté de l'élite politique du Cameroun sous administration britannique de se soustraire de la domination du Nigéria et particulièrement des Igbo.

2) Les Camerounais de la zone sous administration française. Ils sont 17 000 en 1951, principalement installés dans les unités administratives de Kumba et de Victoria. Leur immigration est souvent liée à l'activité de la Cameroon Development Corporation (CDC). Il s'agit souvent de populations frontalières (Bamiléké, Bamoun, Douala et Mbo) qui entretiennent des liens forts avec leurs voisins (Bakolle, Bakossi, Bakweri, Bamboko, Bangwa, Mbo). Leur entrée en zone sous administration britannique n'est pas soumise à la présentation de documents officiels, à la différence des migrants du Cameroun

sous administration britannique qui doivent, jusqu'au milieu des années 1950, présenter un laissez-passer ou une carte d'identité à l'entrée de la zone sous administration française. Des mouvements comme la FCWU sont très actifs dans la diffusion de l'idée de l'unification du Cameroun au Cameroun sous administration britannique.

3) Les réfugiés politiques. Venus du Cameroun sous administration française à la suite des émeutes de mai ainsi que de l'interdiction de l'UPC en juillet 1955. Ils sont estimés à près de 5 000 individus, installés principalement dans les unités administratives de Kumba et de Victoria. Leur présence influence les relations entre les pays tuteurs, conduisant à l'expulsion de F.R. Moumié, E. Ouandié et A. Kingue le 3 juin 1957, ainsi qu'à l'interdiction des activités des organes upécistes en zone sous administration britannique. Ces exilés participent activement à la diffusion de l'idée de l'unification du Cameroun, à travers diverses organisations dont OK party.

J

K

Kale (Paul Monyongo). 1910-1966. Enseignant et homme politique camerounais. Il fait ses études à Buea et à Lagos. Il est membre de nombreux mouvements et partis politiques au Southern Cameroons dont le CYL et le CNF. Il fonde le KPP avec N.N. Mbile en 1953. Il fonde également le KUP en 1959. De cette date jusqu'au plébiscite de 1961, il prône la séparation du Southern Cameroons du Nigéria et l'indépendance de ce territoire en dehors de la République du Cameroun. Il devient également le Speaker de la Chambre d'Assemblée du Cameroun occidental jusqu'à son décès en août 1966. Il achève deux mois avant le manuscrit de son livre : *Political Evolution in the Cameroons* (Buea, Government Printer, 1967).

Kamerun. Dénomination officielle du territoire sous protectorat de l'Allemagne de 1884 à 1916. Référence symbolique et politique à cette entité après 1916, notamment dans les mouvements germanophiles et les partis politiques du Cameroun britannique.

Kamerun Society. Association. Créée en 1956. Elle rassemble les élites intellectuelles du Cameroun méridional. On compte parmi eux S.E. Abangma, T. Abanda, V. Anomah Ngu, R.E.G. Burnley, G. Dibue, O.S. Ebanja, E.T. Egbe, S.J. Epale, J.B. Etame, A.B. Gwan-Nulla, J.A. Kisob, S. Lyonga, I.N. Malafa, P.E.N. Malafa, A.D. Mengot, V.Nchami, F.N. Ndang, N.A. Ngwa, L.A. Nkweta, Nzo Ekangaki, J. Pefok, E.D. Quan, Tamajong Ndumu, S.C. Tamajong. Certains d'entre eux sont donc d'anciens membres de l'Association des étudiants camerounais de Grande-Bretagne et d'Irlande. L'objectif de l'association est de conseiller le gouvernement de ce territoire sur les questions politiques et socio-économiques, en prévision de l'indépendance puis de la réunification avec la zone sous administration française. Elle est proche du KNDP. Lors de la conférence de Mamfe de 1959 cependant, son représentant N.A. Ngwa défend que les deux options à proposer aux électeurs lors du plébiscite doivent être la sécession ou l'association à la Fédération du Nigéria. Il exclut alors l'option de la réunification avec la République du Cameroun.

Kangsen (Rev. Jeremiah Chi).1917-1988. Pasteur et homme politique camerounais. Il fait ses études primaires à Wum, à Bali et à Bombe. Après avoir été au séminaire de Nyasoso, il achève ses études au Collège de la Trinité à Kumasi au Ghana de 1945 à 1947. Premier pasteur africain de la Mission de Bâle, il enseigne à l'École de la Mission de Bale à Wum qu'il finit par diriger. Il assume par la suite les fonctions de Secrétaire du Synode général de cette mission au Cameroun sous administration britannique, Secrétaire général et leader du Mouvement de la Jeunesse Missionnaire. Il devient en 1969 modérateur de l'Église presbytérienne du Cameroun. Sur le plan politique, il représente le Cameroun britannique à la Chambre fédérale des Représentants à Lagos sous la houlette du KNC. Il est également désigné par les autorités traditionnelles tout comme Endeley et malam Abba Habid pour représenter le Cameroun sous administration britannique à la Conférence de Lancaster House de 1953. Il est chargé des questions de santé et d'éducation dans le conseil exécutif du Southern Cameroons mis en place en 1954. Il fait aussi partie de la délégation du Cameroun britannique méridional à la Conférence constitutionnelle de Londres de 1957. En 1961, il fut membre de la délégation du CPNC à la Conférence de Londres de novembre sur l'avenir du Cameroun.

KFP (Kamerun Freedom Party). Parti politique. Créé en 1960, son président est malam Umaru Micika et son secrétaire général, Daniel Njenwe. Proche de l'Action Group, il défend d'abord l'idée de l'octroi d'un statut régional pour le Northern Cameroons au sein de la fédération du Nigéria et, à l'approche du plébiscite de

1961, l'idée de l'unification avec la République du Cameroun. Il fait alliance avec le NKDP dans ce cadre.

Kingue (Abel). 1924-1964. De son véritable nom Abel Kegne. Infirmier, employé de maison de commerce, syndicaliste et homme politique camerounais. Il fait ses études à Dschang, Bafang, Nkongsamba et Ayos. Il milite au sein de l'Union des Syndicats Confédérés du Cameroun (USCC), puis de l'UPC et participe à la fondation de la Jeunesse Démocratique Camerounaise (JDC). Au sujet de l'unification, il déclare lors du congrès de Kumba de 1951, en pidgin, d'après W. Ndeh Ntumazah : *"independence and unification de like soup with Achu fufu. For get independence now and get Unification tomorrow i dey like for chop achu today, drink soup tomorrow. The two must go the same time"*. Il est élu Vice-président de l'UPC en 1952. Il est également le rédacteur-en-chef de l'organe de presse du parti, La voix du Cameroun. Après les émeutes de 1955 à Douala, il s'exile au Cameroun méridional jusqu'à l'expulsion des leaders upécistes du territoire en 1957. Son exil se poursuit à Khartoum, Conakry, Accra et Alger jusqu'à son décès et son inhumation au Caire.

KIP (Kamerun Independence Party). Parti politique. Créé en 1956 par Jacob Ngulih. Il s'opposait à toute relation entre le Nigéria et le Southern Cameroons. Son objectif est la réorganisation de la Cameroon Development Corporation (CDC) dans le souci de créer plus d'emplois pour les Camerounais et d'attirer les investisseurs étrangers pour le développement du territoire.

KNC (Kamerun National Congress). Parti politique. Formé à Mamfe en 1953 de la scission au sein du KUNC, et à la suite de la crise de la Chambre d'Assemblée de l'Est du Nigéria qui marque le divorce entre de nombreux leaders politiques du Southern Cameroons et le NCNC. Il est dirigé par E.M.L. Endeley. Son objectif est d'abord l'obtention de l'autonomie du Southern Cameroons et ensuite l'unification avec le Cameroun sous administration française. Après la victoire du parti aux élections de 1953 (12 des 13 sièges en jeu), cet objectif favorise un rapprochement avec l'UPC. Du fait de l'évolution de la position d'Endeley, principal leader, l'objectif de l'unification du Cameroun est écarté après l'obtention par le Southern Cameroons du statut de quasi-région en 1954. L'alliance KNC/UPC est rompue et des dissensions apparaissent au sein du parti. Elles aboutissent notamment à la création du KNDP en 1955. Même si le KNC remporte les élections de 1957, il perd celles, plus décisives, de 1959 malgré son alliance avec le KPP. En 1960, ces deux partis fusionnent pour former le CNPC.

KNDP (Kamerun National Democratic Party). Parti politique. Fondé en 1955 suite à l'abandon de l'idée de la réunification par le KNC d'E.M.L. Endeley. Il est dirigé par John Ngu Foncha. Son objectif est l'obtention d'un statut régional pour le Southern Cameroons, son indépendance et sa réunification avec le Cameroun sous administration française. Il se rapproche de l'UPC dont il partage l'idéologie. Suite aux évènements de mai 1955 ayant conduit à l'interdiction de l'UPC par l'autorité coloniale française, Foncha envoie un câblogramme au Conseil de Sécurité de l'ONU pour demander la désignation d'une commission devant enquêter sur ces incidents. L'accueil et le soutien apportés par les partisans du KNDP aux membres de l'UPC en exil au Southern Cameroons concourent à renforcer les liens entre ces deux partis. Cependant, les positions radicales de l'UPC tempèrent l'enthousiasme du KNDP vis-à-vis de cette collaboration, sans remettre en cause son lien idéologique. Le KNDP remporte les élections à la Chambre d'Assemblée du Southern Cameroons de 1959 au détriment de l'alliance KNC-KPP, faisant de Foncha Premier ministre du territoire. Cette posture est l'un des éléments déterminants du résultat du plébiscite de 1961 en faveur de la réunification avec la République du Cameroun.

KPP (Kamerun People's Party). Parti politique. Il est fondé en 1953 par N.N. Mbile et P. Motomby-Woleta. Ils en sont respectivement le président et le secrétaire général. Ce parti défend l'option de l'intégration du Southern Cameroons au Nigéria après la crise de la Chambre d'Assemblée de l'Eastern Region. Il est soutenu par le NCNC.

Kumzse (Assemblée du peuple bamiléké). Association régionale. Créée en 1947 par le chef supérieur de Foréké-Dschang, Mathias Djoumessi. Ce mouvement adopte l'idée de réunification dans le but de voir assouplir le régime douanier entre les deux zones du Cameroun sous administration britannique et française, afin de faciliter les échanges économiques entre Bamiléké et Bangwa installés de part et d'autre des limites administratives. Au troisième congrès du Kumzse tenu à Dschang en novembre 1950, les participants demandent l'assouplissement du régime douanier entre les deux zones et le problème de l'emploi de la monnaie anglaise. Lors du quatrième congrès tenu à Dschang du 27 au 30 novembre 1951, et cette fois avec la participation des délégués de la Tribal Union Bangwa, les participants renouvellent leur revendication concernant l'unification des deux territoires et demandent aux gouvernements français et britannique de réaliser cette aspiration. Le Kumzse s'affilie à l'UPC et noue des alliances avec le KUNC et le KNC dans ce cadre. La démission de Djoumessi de l'UPC et les dissensions issues de la participation aux élections à l'ATCAM en 1952 et 1956 fragilisent progressivement ce mouvement.

KUNC (Kamerun United National Congress). Parti politique. Fondé en 1951 à Kumba lors de la rencontre des 12-13 octobre réunissant des leaders politiques des deux Cameroun sous administration britannique et française. Cette rencontre se tient à l'initiative de la FCWU. L'objectif de cette formation politique est d'obtenir l'autodétermination ou l'indépendance pour un Kamerun unifié (*Towards self-government or independence for a United Kamerun*). La pétition qu'il adresse aux Nations Unies en octobre ainsi que le congrès de Kumba qu'il organise en décembre 1951 concourent à promouvoir l'idée de l'unification du Cameroun. En 1953, le KUNC connaît une scission avec la naissance du KNC d'une part et du KPP d'autre part.

KUNC (Pétition du). Texte adressé le 30 octobre 1951 par le KUNC au Conseil de Tutelle sur la réalisation de l'unification du Cameroun. Afin d'atteindre cet objectif, ce groupement politique réclame : la suppression des obstacles au libre déplacement des populations et l'établissement d'une union douanière entre les deux Cameroun ; la révision des accords de tutelle ; la sauvegarde de la liberté de parole, de presse, de réunion, de pétition et de circulation pour tout le Cameroun sans tenir compte des différences de systèmes d'administration existants ; l'établissement de législatures sur le modèle du Nigéria dès que le principe de l'unification sera reconnu par l'ONU ; l'institution de l'enseignement du français et de l'anglais obligatoire dans toutes les écoles primaires et secondaires des deux Cameroun et la création d'une école supérieure pour les deux zones du territoire ; la création d'un organisme commun pour l'examen des questions politiques entre les deux Cameroun ; la désignation de

Camerounais pour représenter les intérêts du territoire devant le Conseil de tutelle et l'Assemblée générale de l'ONU.

KUP (Kamerun United Party). Parti politique. Créé en février 1959 par P.M. Kale. La création de cette formation politique résulte de la dissension au sein de la coalition KNC/KPP. Ce parti a un double objectif : l'obtention d'un statut régional distinct du Nigéria pour le Southern Cameroons (1) et son accession à l'indépendance après celle du Nigéria (2). Par conséquent, il s'oppose à la formulation des questions du plébiscite de 1961.

L

Lainjo (Vincent Thomas). 1910-2010. Enseignant, administrateur et homme politique camerounais. Il fait ses études à l'École St Joseph de Kumba et à l'École Ste Marie à Sasse. De 1932 à 1941, il est instituteur puis censeur de l'École vernaculaire de Banso. Il abandonne cette fonction pour être clerc de la Cour puis comptable. Il est l'organisateur de la Nsaw Improvement Union et de la Catholic Progressive Union. Il est aussi membre du Comité provincial de Bamenda s'occupant des affaires de la CDC. Élu du Cameroun méridional à l'Assemblée régionale du Nigéria oriental à Enugu et à l'Assemblée représentative fédérale à Lagos entre 1951 et 1953, il fait partie des neuf élus camerounais qui préconisent la politique de « neutralité bienveillante » lors de la crise de l'Assemblée de l'Est en 1953. Membre du KNC, il est l'un des soutiens d'Endeley dans sa politique d'intégration du Cameroun méridional au Nigéria. Il occupe les fonctions de ministre des Ressources naturelles puis des services sociaux dans le Conseil exécutif du Cameroun méridional entre 1957 et 1958. Il intègre la fonction publique camerounaise après la Réunification en qualité d'administrateur civil.

Livre blanc (1961). Mémorandum. Intitulé *La position de la République du Cameroun à la suite du plébiscite des 11 et 12 février 1961 dans la partie septentrionale du territoire du Cameroun sous administration du Royaume-Uni de Grande-Bretagne et d'Irlande du nord.* Document de 77 pages soumis par le Cameroun au Conseil de tutelle pour dénoncer la conduite et les résultats du plébiscite sur la réunification au Northern Cameroons. Il est composé de cinq sections : bref rappel historique ; tutelle et respect de la personnalité camerounaise ; le plébiscite des 11 et 12 février 1961 ; remarques générales et conclusions ; annexes (exposé sur l'absence de séparation administrative avec le Nigéria, fonctionnaires nigérians en service dans le Cameroun septentrional à la date du plébiscite, liste de personnes arrêtées pour leur attitude favorable à la réunification du Cameroun, 24 témoignages). Le Royaume-Uni soumet le 10 avril 1961 un contre-mémoire de 23 pages.

M

Mandat (système de) 1919-1946. Régime international d'administration des territoires non européens retirés à l'Allemagne ou issus du démembrement de l'Empire ottoman après la Première Guerre mondiale et placés sous la responsabilité de la Société des Nations (Pacte de la SDN du 28 juin 1919). Système adopté par les participants de la Conférence de paix de Paris (18 janvier 1919-10 août 1920). La Commission des mandats de la SDN est chargée de superviser l'administration des territoires placés sous statut international après la Grande Guerre.

> Le bien-être et le développement de ces peuples forment une mission sacrée de civilisation, et il convient d'incorporer dans le présent pacte des garanties pour l'accomplissement de cette mission.
>
> La meilleure méthode de réaliser pratiquement ce principe est de confier la tutelle de ces peuples aux nations développées qui, en raison de leurs ressources, de leur expérience ou de leur position géographique, sont le mieux à même d'assumer cette responsabilité et qui consentent à l'accepter : elles exerceraient cette tutelle en qualité de mandataires et au nom de la Société.
>
> Le caractère du mandat doit différer suivant le degré de développement du peuple, la situation géographique du territoire, ses conditions économiques et toutes autres circonstances analogues (article 22 du Pacte de la SDN).

Au Cameroun (ancien protectorat allemand), la mise en œuvre du mandat de classe B est confiée de manière séparée au Royaume-Uni et à la France le 20 juillet 1922. La zone sous mandat britannique est administrée comme une partie intégrante du Nigéria tandis la zone sous mandat de la France est administrée indépendamment de l'Afrique Équatoriale Française. Le système de mandat prend fin en 1946 et est remplacé par le régime de tutelle.

Mbanga-Kumba (Chemin de fer). Bretelle ferroviaire. Elle est longue de 29 kilomètres. Elle est greffée à la ligne ouest reliant Douala à Nkongsamba. Sa construction est lancée en 1964 et est achevée en 1969. Elle sert de symbole de la réunification, entre Mbanga au Cameroun oriental et Kumba au Cameroun occidental, et favorise l'évacuation des produits agricoles de cette région.

Mbile (Nerius Namaso). 1923-2003. Enseignant, journaliste, syndicaliste et homme politique camerounais. Il fait ses études à Lipenja et à Kumba, ainsi qu'à Umuahia et Calabar au Nigéria. Enseignant pendant une année au Nigéria, il rejoint le groupe Zik's-Press-Ltd à Lagos. Il retourne au Cameroun sous tutelle britannique en tant que correspondant de cette publication. Il milite par la suite dans plusieurs associations syndicales et politiques. En 1949, il devient Secrétaire général de la Cameroon Development Corporation (CDC) Worker's Union, puis président de ce syndicat en 1950-1951. Il est secrétaire du CNF. Membre fondateur du KUNC, il en est également le Secrétaire général. Selon lui, ce sont les aspirations des populations du Cameroun français et du Cameroun britannique à s'unifier comme frères d'une même race qui étaient à l'origine de la création de ce parti. Élu au sein de la Chambre d'assemblée de l'Eastern Region du Nigéria en 1951, il reste proche du NCNC au cours de la crise que connaît cette institution et du choix de la « neutralité bienveillante » qu'adoptent la majorité des représentants du Southern Cameroons en 1953. Avec P.M. Kale, il fonde le KNC cette même année, et en est le premier secrétaire. À la suite de la coalition qu'il forme avec le KNC en 1957, il devient ministre des Transports dans le gouvernement régional du territoire. Partisan de l'intégration du Southern Cameroons à la Fédération du Nigéria, il fonde le CPNC en 1960. Il occupe plus tard diverses fonctions de Secrétaire d'État au sein du gouvernement du Cameroun occidental, étant chargé tour à tour des travaux publics et des transports (1965-1967), des affaires foncières (1968) et de l'éducation primaire (1969-1972). Il publie ses mémoires en 2000 : *Cameroon Political Story: Memories of an Authentic Eye Witness* (Limbe, Presbyterian Printing Press).

Melone (Thomas). 1934-1996. Enseignant et homme politique camerounais. Il fait ses études à Edéa, au petit séminaire d'Akono et à Yaoundé, ainsi que des études supérieures à l'Université de Grenoble. Il prend part à la conférence pan-camerounaise des étudiants de 1959 à Yaoundé. Il intègre définitivement l'enseignement supérieur camerounais en 1969. En 1988, il est élu député à l'Assemblée nationale, jusqu'à son décès.

Missions de visite (ONU). Mécanisme institué par les Nations Unies, en plus de l'examen des rapports soumis par les autorités chargées de leur administration ainsi que de la réception et examen des pétitions, « pour assurer la surveillance à l'échelon international des territoires sous tutelle placés sous l'administration d'États membres, et garantir que les mesures appropriées sont prises pour préparer les territoires à l'autonomie ou l'indépendance ». Visites périodiques. Au Cameroun, de 1949 à 1958, quatre missions de visite sont conduites :

1) La mission de 1949 se rend au Southern Cameroons (1er-11 et 22-24 novembre), au Cameroun sous administration française (12-26 novembre) et à Lagos (27-29 novembre) ; parmi les pétitions qu'elle reçoit figure celle du CNF.
2) Après avoir séjourné à Ngaoundéré du 26 septembre au 14 octobre où elle rédige le Rapport spécial sur la question des Ewé et de l'unification du Togo, la mission de 1952 visite le Cameroun sous administration française (14 octobre-10 novembre), le Southern Cameroons (10-23 novembre) et se rend à Lagos (24-25 novembre) ; elle note que la question de l'unification n'est pas un sujet d'actualité, qu'il ne s'agit « ni d'une revendication très populaire, ni d'une question particulièrement brûlante ».

3) La mission de 1955 se rend au Cameroun sous administration française (18 octobre-18 novembre), au Southern Cameroons (18 novembre-4 décembre), et à Lagos (4-9 décembre) ; elle note que la question de l'unification est inscrite partout au Southern Cameroons et nulle part au Northern Cameroons.

4) La mission de 1958 se rend à Lagos (27-29 octobre), au Southern Cameroons (29 octobre-13 novembre) et au Cameroun sous administration française (14 novembre-11 décembre) ; son mandat est notamment, à l'approche de l'indépendance du Nigéria « d'exposer ses vues sur la méthode de consultation qui devrait être adoptée lorsque le moment serait venu pour les populations de ce Territoire [le Southern Cameroons] d'exprimer leurs vœux quant à leur avenir ».

Mofor (Sam). 1926-1997. Agro-industriel et homme politique camerounais. Délégué du KNC à Santa-Bamenda, il défend l'importance de la suppression des frontières entre les deux zones du Cameroun sous administration britannique et française. Il devient militant du KNDP en 1959 à cause du revirement politique du Dr Endeley et de son soutien à l'option de l'intégration du Cameroun méridional à la Fédération du Nigéria. Il participe activement à la campagne pour la réunification lors du plébiscite de 1961 en s'impliquant dans des opérations de levées de fonds au Cameroun sous administration française, principalement en région bamiléké. Il est élu député à plusieurs reprises à l'Assemblée fédérée du Cameroun occidental. À cause du soutien apporté à S.T. Muna, il est expulsé du KNDP en 1965 et prend part à la fondation du CUC. Il devient membre du Conseil économique et social du Cameroun en 1975.

Monument (de la Réunification). Ouvrage érigé à Yaoundé pour célébrer la réunification du Cameroun. Il est constitué d'une tour centrale, faite de deux spirales qui se rejoignent au sommet pour symboliser la réunification. La tour comporte également cinq piliers portant pour l'essentiel des gravures renvoyant au vécu des populations des différentes aires culturelles. Le monument est également constitué d'une statue représentant un vieil homme portant cinq enfants agrippés à lui, et qui brandit un flambeau. Il est construit entre 1973 et 1976, à la suite d'un concours national et international que remportent Gédéon Mpando, Engelbert Mveng et Armand Salomon, assistés d'Etolo Eya.

Monument (des Cinquantenaires de l'indépendance et de la réunification). Ouvrage érigé à Buea pour la célébration des cinquantenaires de l'indépendance et de la réunification du Cameroun. Il est constitué d'un massif central entouré de dix colonnes cylindriques de hauteurs variables portant le logo de l'évènement. Le logo représente un globe au centre duquel le territoire national, soutenu par les armoiries, et entouré de deux mains est survolé par une colombe porteuse d'une branche de rameau. Le monument principal est entouré d'une fresque représentant dix figures d'ancêtres et divinités des quatre aires culturelles du Cameroun (aire soudano-sahélienne, aire des grassfields, aire de la forêt, aire de la côte). Le monument est inauguré le 19 février 2014.

Motomby-Woleta (Peter Ndembe). 1923-1962. Enseignant, journaliste et homme politique camerounais. Il fait ses études à Kumba et Buea, à la mission baptiste de Grand Soppo et à l'école supérieure de la mission d'Abeokuta. Il sert comme enseignant puis comme directeur d'une école privée à Sapele. Il est plus tard commis de magasin à l'entrepôt médical de la CDC. Il est secrétaire général de la Soppo Improvement Union et président de la CDC Worker's Union. Il est élu à l'Assemblée régionale du Nigéria oriental en 1951. Entre 1952 et 1957, il occupe les postes de Directeur général adjoint puis de Vice-président du conseil d'administration de l'Eastern Nigeria Development Corporation. Il fait partie des quatre Camerounais opposés à l'option de la « neutralité bienveillante » lors de la crise à l'Assemblée de l'Est en 1953. Il co-fonde cette même année le KPP avec N.N. Mbile. Il en est le Secrétaire général et celui du CPNC en 1960. Il défend l'option du rattachement à la Fédération du Nigéria lors du plébiscite de 1961. Il est directeur de publication du journal *The Cameroon Champion*.

Moussa Yaya (Sarkifada). 1924-2002. Vétérinaire et homme politique Cameroun. Il fait ses études à Garoua et à Maroua. Secrétaire général de l'Union Camerounaise (UC) en 1958, il est membre de l'ALCAM et plus tard, Vice-président de l'Assemblée nationale de la République du Cameroun. Confident d'Ahmadou Ahidjo, il mène la propagande pour la réunification du Northern Cameroon, en préparation du plébiscite du 11-12 février 1961. Il est également membre de différentes délégations camerounaises auprès des Nations Unies et de la Cour Internationale de Justice à La Haye, dans le cadre de l'Affaire du Cameroun septentrional.

Mouvement en faveur de l'unification. Ensemble des rencontres, pétitions et autres manifestations visant l'unification des deux Cameroun entre la fin des années 1940 et 1961. Les mouvements unificationnistes (tels que KFP, KNDP, NKDP, OK et UPC) s'opposent jusqu'en 1958 aux réticences des administrations françaises et britanniques qui les estiment sans fondement, et à partir de cette date aux mouvements anti-unification qui souhaitent, en grande partie une intégration du Cameroun sous administration britannique au Nigéria (intégrationnistes tels que CPNC, NEPU et NPC) ou la création d'entités étatiques distinctes du Cameroun et du Nigéria (autonomistes tels que CCC et KUP).

Mukete (Fon Victor Esemingsongo). 1918- Ingénieur agronome, chef traditionnel et homme politique camerounais. Il fait ses études à Kumba, et à Umuahia, Lagos et Ibadan au Nigéria. Il poursuit sa formation en botanique et en agriculture dans les universités de Manchester et Cambridge. Il milite au sein de diverses organisations pour la réunification du Cameroun, dont l'Association des étudiants camerounais de Grande-Bretagne et d'Irlande, et le KUNC. Il est plus tard membre du KNC. Élu en 1954 à la Chambre des représentants du Nigéria, il occupe les postes de ministre fédéral sans portefeuille en 1955 et de ministre fédéral de la recherche et de l'information de 1958 à 1959 au Nigéria. Il devient le premier Camerounais directeur de la Cameroon Development Corporation (CDC) de 1960 à 1982. Fon des Bafaw, il expose sa contribution à l'évolution politique du Cameroun dans son ouvrage, *My Odyssey : the Story of Cameroon's Reunification* (Yaoundé, Eagle Publishing, 2013).

Mukong (Albert). 1933-2004. Écrivain, activiste des droits de l'homme et homme politique camerounais. Il fait ses études à Sasse et à Ibadan. Il est membre de l'Ibadan Kamerun Students Association (IKSA) et secrétaire du Memorandum Committee du NUKS. Secrétaire général du OK party, il fait campagne pour la réunification du Cameroun. Il propose à cette occasion que le droit de vote soit accordé aux Camerounais âgés de 18 ans, ainsi qu'à tous les élèves à partir de Form Four des collèges et lycées. Membre de la délégation du Cameroun méridional à la Conférence de Foumban de 1961. Militant du retour au fédéralisme après l'unification en 1972, il devient conseiller du Southern Cameroons National Council (SCNC). Il publie entre autres *Prisoner without a Crime* (Alfresco, 1985), un récit de son expérience de détention dans les prisons du Cameroun.

Muna (Solomon Tandeng). 1912-2002. Enseignant et homme politique camerounais. Il fait ses études à Bamenda et Kake, ainsi qu'à Londres. Après une carrière d'enseignant à Batibo de 1932 à 1951, il est élu à l'Assemblée de l'Est du Nigéria en décembre 1951. Il devient alors ministre des Travaux publics de 1951 à 1953. Il est en charge des ressources naturelles et des travaux publics dans le Conseil exécutif du Southern Cameroons de 1954 à 1957. Opposé à l'idée de l'intégration du territoire à la Fédération du Nigéria et privilégiant la réunification du Cameroun, il quitte le KNC en 1958 pour rejoindre le KNDP. Il occupe le poste du ministre des Transports, puis du Commerce et de l'Industrie dans les gouvernements de Foncha de 1959. Il devient ministre des Finances et ministre des Transports, Mines et Télécommunications après la réunification. Il occupe plus tard les postes de Premier ministre du Cameroun occidental (1968-1972) et Vice-président de la Fédération (1970-1972).

Mungo (Pont sur le). Infrastructure construite sur le fleuve Mungo. Il est long de 120 mètres. Sa construction est lancée en 1968 et il est inauguré en 1969. Véritable symbole de la réunification entre les deux États fédérés du Cameroun, il est rebaptisé « Pont de la réunification ». Il permet alors de faciliter les liaisons routières entre Tiko (Cameroun occidental) et Douala (Cameroun oriental) en enjambant le fleuve Mungo qui en constitue une des limites naturelles. Ayant été détruit dans un incendie en 2004, il est reconstruit et rouvert à la circulation en 2007.

N

Nasah (Boniface Tatchwenglie). 1934-. Médecin camerounais. Son père, originaire de Bayangam (plus tard dans la zone sous administration française), sert comme soldat dans l'armée britannique lors de la Première Guerre mondiale et s'installe à Buea après sa démobilisation en 1918. Boniface Nasah fait ses études tour à tour à l'école publique de Buea, à l'école catholique de Soppo, au collège St Joseph de Sasse entre 1949 et 1952, au collège St Patrick d'Ibadan et à l'University College d'Ibadan entre 1954 et 1956. Il est Secrétaire puis Président de l'Ibadan Kamerun Students' Association entre 1957 et 1959. Il prend part à la conférence pan-camerounaise des étudiants de 1959 à Yaoundé. Il poursuit ses études de médecine obstétrique dans les universités de Londres et de Liverpool.

Ndeh Ntumazah (Wilson). 1926-2010. Greffier et homme politique camerounais. Ayant fui Mankon afin d'échapper à d'éventuelles charges successorales, il s'installe à Ambam dans le Cameroun sous administration française. Il quitte ce territoire en 1951 après un incident l'opposant à un administrateur colonial. Il assiste au congrès de Kumba de décembre de cette année et devient plus tard membre du KNDP. Il établit les relations avec les partisans de l'UPC en exil au Cameroun sous administration britannique après son interdiction de 1955. Il participe à la formation de One Kamerun party (OK) en 1957. Il défend en tant que président de ce parti l'idée de la réunification du Cameroun à la Conférence de

Mamfe de 1959 ainsi qu'à des Assemblées générales de l'ONU de 1958 à 1961. Il mène la campagne pour cette cause lors du plébiscite de 1961 Partisan de l'UPC opposée au régime d'A. Ahidjo, il quitte le Cameroun après la Réunification et réside à Accra, Conakry, Alger puis Londres, sous le nom de Mbarack Ben Ibrahim, jusqu'à son retour d'exil au Cameroun en 1991.

Ndze (John Takinang). 1913-1958. Enseignant et homme politique camerounais. Il fait ses études à l'école Sacré-Cœur de Shisong, puis à Kumba et à l'école Ste Marie de Sasse et enfin au Collège de formation des instituteurs de Kumba. Il exerce dès 1933 comme élève instituteur à Tiko, puis maître d'école à Bota et à Tabenken. Il est Vice-président de la Cameroons-Bamenda Catholic-Teacher's Union et membre du Local Education Commitee ainsi que du Tabenken Village Church Council. Élu du Cameroun méridional à l'Assemblée régionale du Nigéria oriental à Enugu entre 1951 et 1953, il fait partie des neuf élus camerounais qui préconisent la politique de « neutralité bienveillante » lors de la crise de l'Assemblée de l'Est en 1953. Membre du KNC, il est l'un des soutiens d'Endeley dans sa politique de création d'une région autonome du Cameroun méridional au sein du Nigéria. Il prend part aux conférences de Londres de 1953 et 1957 sous les couleurs du KNC.

Ngondo (Assemblée traditionnelle des Chefs douala). Association régionale. Elle est créée, semble-t-il, au cours des années 1830. Ses activités sont par la suite restreintes vers la fin de l'administration allemande. L'association est réhabilitée en 1947. Elle prévoit dans ses statuts l'ambition manifeste des Chefs douala d'entrer en contact avec les tribus voisines séparées en 1916. Lors de la première Mission de visite de l'ONU en 1949, le Ngondo transmet un mémorandum dans lequel il préconise la réunification des deux territoires. Il y indique par exemple que « nous considérons le partage du Cameroun en deux zones comme une mesure arbitraire prise sans le consentement du peuple camerounais. Ce partage nous prive des plus importantes relations que nous devons avoir avec les territoires voisins. Aussi, nous faisons des vœux sincères pour l'organisation immédiate d'une nouvelle réunion entre les deux Cameroun français et britannique, lesquels doivent jouir d'un même statut. » Le Ngondo se rapproche d'autres mouvements politiques ou traditionnels ayant pour objectif la réunification, parmi lesquels l'UPC, le KUNC, le Kumzse, et le CORECA.

Ngu (Joseph Henry). 1901-1961. Commerçant et homme politique camerounais. Originaire de Bafou dans le Cameroun sous administration française, il s'établit dès 1918 à Buea puis à Kumba dans la zone sous administration britannique. Il travaille quelques années à la prison de Kumba. Il est membre de la FCWU. Défendant l'idée de la réunification du Cameroun, participe à l'organisation du congrès de Kumba de 1951 et parraine plusieurs mouvements politiques du Cameroun méridional, dont il est le trésorier, à savoir le KUNC, le KNC et le KNDP.

Njine (Michel). 1918-1998. Diplomate et homme politique camerounais. Élu à l'ATCAM et à l'ALCAM dès 1952, il occupe les postes de ministre des Travaux publics dans le gouvernement d'A.M. Mbida en 1957-1958 et de Vice-premier ministre chargé de l'éducation dans le gouvernement d'A. Ahidjo en 1958-1959. En 1959, il rencontre J.N. Foncha à Nkongsamba pour discuter de la réunification et préside la première conférence pan-camerounaise des étudiants à Yaoundé. Il propose alors au gouvernement d'envisager un rapprochement avec l'UPC. Il est par la suite déchargé de ses fonctions dans le gouvernement. Il devient Directeur de l'Office du tourisme du Cameroun de 1960 à 1962, puis Ambassadeur en Côte-d'Ivoire, au Mali, en Guinée, en Allemagne, en Suisse et en Turquie, puis conseiller du Président de la République pour les affaires étrangères et représentant permanent du Cameroun aux Nations Unies de 1967 à 1974.

Njoya (Seidou Njimoluh). 1904-1992. Chef traditionnel et homme politique camerounais. Il reçoit une éducation traditionnelle et une formation à l'artisanat, puis fait ses classes à l'école française à Foumban. Il sert comme secrétaire-interprète auprès de son père Ibrahim Njoya. Après la mort de ce dernier en exil, il est intronisé 18e roi des Bamum en 1933. À partir de 1947, il est régulièrement élu à l'ARCAM, l'ATCAM et l'ALCAM. Membre de l'Union Camerounaise (UC), il est également Maire de Foumban dès 1955. Il est l'hôte de la conférence de Foumban de 1961.

NKDP (Northern Kamerun Democratic Party). Parti politique. Créé en 1959 et dirigé par Mallam Ibrahim Abba. Son Secrétaire général est Muhamadu Iya et son siège est Mubi. Premier parti au Northern Cameroon, il préconise une évolution politique en trois phases de cette partie du territoire : la création d'une région septentrionale distincte des régions du nord du Nigéria d'abord, la séparation d'avec le Nigéria et la formation d'un État du British Cameroon ensuite et la réunification avec la République du Cameroun enfin. Ce parti milite également pour le développement du Northern Cameroons, la participation de ses ressortissants à la gestion de leurs propres affaires, la reconnaissance de la prédominance des Fulani dans la région et la renaissance des institutions traditionnelles fulani. Au cours de la campagne électorale pour le plébiscite de 1959, ce parti politique encourage les électeurs à voter pour le maintien de la tutelle plutôt que pour l'indépendance future au sein de la région nord du Nigéria. Cette ligne politique s'oppose aux projets autonomiste de l'United Middle Belt Congress et intégrationniste du Northern People's Congress (NPC) et du Northern Elements Progressive Union (NEPU).

Northern British Cameroon (Cameroun septentrional sous administration britannique). Partie du Cameroun sous administration britannique rattachée aux Northern Provinces, puis du Northern Region du Nigéria. Sa superficie est d'environ 45 324 km^2. Dans la pratique, le territoire est divisé en trois éléments intégrés aux provinces septentrionales du Nigéria : Tigon-Ndoro-Kentu area intégré à la province de Benue ; Southern and Northern Adamawa districts intégrés à la province d'Adamawa et Dikwa division intégrée à la province de Bornu. L'évolution politique du Northern Cameroons reste liée à celle du Nord Nigéria, malgré le rejet de l'option du rattachement lors du plébiscite de 1959. À l'issue du plébiscite de février 1961, le territoire devient indépendant le 1er juin en rejoignant le Nigéria.

NUKS (National Union of Kamerun Students). Association d'étudiants. Créée en 1955 suite à la fusion de plusieurs organisations dont l'Ibadan Kamerun Students' Association (IKSA). Elle a ainsi des branches au Nigéria et au Royaume-Uni. La NUKS est liée à l'UNEK ainsi qu'à la Kamerun Students Association in America. Elle milite entre autres pour la défense des droits de ses membres à l'étranger, la sécession du Southern Cameroons du Nigéria et la réunification à terme avec le Cameroun sous administration française. En 1959, ses délégués (Fongum Gorji-Dinka, Victor Ngu et Albert Mukong) prennent part à l'Assemblée générale des

Nations Unies. Le président de l'association, Boniface Nasah, prend part la même année à la conférence de Mamfe et à la conférence pan-camerounaise des étudiants à Yaoundé où sont discutées les modalités de la réunification des deux territoires.

O

OK (One Kamerun party). Parti politique. Créé en 1957 au Southern Cameroon suite à l'interdiction de l'UPC dans ce territoire. Il est présidé par Ndeh Ntumazah. Joseph Innocent Kamsi en est Vice-président. Son programme politique est similaire à celui de l'UPC, c'est-à-dire la réunification et l'indépendance immédiate. Il fait alliance avec le KNDP lors des élections de 1959, face à la coalition KNC/KPP. Ce parti fait intensément campagne pour la réunification à la veille du plébiscite de 1961. Il est par exemple opposé à la désignation de missionnaires, administrateurs britanniques et expatriés comme des superviseurs du plébiscite les soupçonnant d'être favorables à l'intégration du British Cameroon au Nigéria. Après le plébiscite, les leaders du One Kamerun s'opposent au comptage des voix par tribu ou clan tel que prôné par le CPNC.

Okala (Charles René-Guy). 1910-1973. Ancien séminariste, Adjoint d'administration et homme politique camerounais. Conseiller de la République puis Sénateur du Cameroun à l'Union française de 1947 à 1955. Il fonde le Parti Socialiste Camerounais (PSC) en 1954. Secrétaire général de l'Union Sociale Camerounaise et vice-président du Mouvement Socialiste Africain, il est également député à l'ALCAM. Il occupe successivement les postes de ministre des Travaux publics, des Transports et des

Mines en 1959 ; de ministre de la Justice en 1959 et de ministre des Affaires étrangères en 1960-1961. Pétitionnaire aux Nations Unies en 1952, il déclare sur la question de l'unification du Cameroun : « il n'existe pas, dans les masses, de volonté de communautés entre les deux Cameroun ; le problème n'est posé que par les politiciens ». Il est néanmoins lié au CUN en 1956. En qualité de ministre des Affaires étrangères, il porte de manière énergétique la protestation du gouvernement camerounais devant la Quatrième commission de l'ONU, en avril 1961, à la suite du plébiscite du Cameroun septentrional. Il est l'un des principaux membres de la délégation de la République du Cameroun à la Conférence de Foumban.

ONU (Organisation des Nations Unies). Organisation internationale. Créée en 1945 pour maintenir la paix et la sécurité internationales, développer entre les nations des relations amicales fondées sur le respect du principe de l'égalité de droits des peuples et de leur droit à disposer d'eux-mêmes et réaliser la coopération internationale en résolvant les problèmes internationaux d'ordre économique, social, intellectuel ou humanitaire. Parmi ses organes figurent l'Assemblée générale et le Conseil de tutelle dont les rôles ont influencé la réunification camerounaise (*Voir Quatrième commission ; tutelle*).

P

Partage (du Kamerun). Possibilité envisagée par la Grande-Bretagne et la France dès septembre 1914. Fait suite à l'échec du condominium franco-britannique sur le Cameroun. Rendu officiel par l'Accord franco-britannique du 4 mars 1916. La France s'arroge 4/5e de l'ancien Kamerun (le *Neu Kamerun*, partie de l'Afrique Équatoriale Française cédée à l'Allemagne par la France le 4 novembre 1911, étant réintégré à l'AEF) et la Grande-Bretagne, 1/5e du territoire. Le caractère provisoire et imprécis du tracé initial impose plus tard la signature de la déclaration Thomson-Marchand du 10 juillet 1919.

PAJENA (Parti de la Jeunesse Nationaliste). Parti politique. Créé en 1958. Il prône l'amnistie inconditionnelle au Cameroun sous administration française. Un tract de 1958 indique sa proximité d'avec l'UPC et le mouvement unificationiste : « Proclamation : Ruben Um Nyobe est assassiné – vive Um Nyobe. Vive la Réunification et l'indépendance immédiates du Kamerun – vive les peuples épris de paix et de liberté ».

Pétitions. Mécanisme institué par les Nations Unies, en plus de l'examen des rapports soumis par les autorités chargées de leur administration ainsi que de l'organisation de visites périodiques dans les territoires administrés, « pour assurer la surveillance à l'échelon international des territoires sous tutelle placés sous l'administration d'États membres, et garantir que les mesures appropriées sont prises pour préparer les territoires à l'autonomie ou l'indépendance ». Memoranda ou documents de diverses formes adressés à l'Assemblée générale par des organisations et des individus issus des populations sous administration sous tutelle. De 1949 à 1961, de plus en plus de pétitions portent sur les points de vue exprimés quant à la question de l'unification. En avril 1950 par exemple, le Conseil de tutelle examine vingt une pétitions relatives, de différentes manières, à cette question, dont celles de : la Balong Native Authority, la CNF, la FCWU, le comité régional de Nyong et Sanaga de l'UPC, de l'Union tribale Ntem-Kribi, du comité régional de Foumban de l'UPC, du comité directeur du Kumzse, de l'Union régionale des syndicats confédérés de Bamiléké, de l'Union Bamiléké, du comité régional de Moungo de l'UPC, de la Bangwa Native Authority, de la Bamenda Improvement Association, de la Cameroons Federal Union, du comité directeur de l'UPC, du Ngondo, du comité féminin de l'UPC, du comité régional de la Sanaga maritime de l'UPC et des lamibé de la Bénoué notamment. Des pétitionnaires sont également invités aux différentes assemblées générales afin de présenter ces pétitions. C'est le cas de R. Um Nyobe et C.R. Okala en 1952, des représentants du NUKS et de l'UNEK en 1957 et 1959.

Phillipson Sir Sydney (Rapport). 1959. Étude économique. Intitulée "Financial, Economic and Administrative Consequences to the Southern Cameroons of Separation from the Federation of Nigeria". Rédigée à la demande du gouvernement de J.N. Foncha. Elle est confiée à Sir Phillipson, secrétaire aux finances du Nigéria entre 1945 et 1948, auteur d'une série d'études sur les finances, l'administration et la nigérianisation de la fonction publique de cette fédération entre 1947 et 1954, président de la Conférence de Mamfe des 10-11 août 1959 et conseiller du gouvernement du Cameroun méridional de 1959 à 1961. Le rapport conclut à la non-viabilité économique du Cameroun méridional comme État indépendant, à cette date. Il confirme l'opinion selon laquelle les apports financiers de la fédération du Nigéria avaient jusque-là été insuffisants pour couvrir les charges du territoire, situation qui exposerait un éventuel État indépendant à des déficits budgétaires. Une potentielle viabilité ne pourrait être assurée que par la combinaison de facteurs : le maintien de la stabilité des prix ; le maintien voire l'augmentation des taux d'imposition ; la dépendance aux ressources extérieures pour la plupart des dépenses d'investissement ; l'existence d'un système fiscal adéquat à la collecte des ressources locales ; l'établissement de conditions plus favorables aux investisseurs locaux et étrangers.

Plébiscite (7 novembre 1959). Vote direct au cours duquel le corps électoral répond par oui ou par non à une question. Organisé par l'ONU pour garantir le droit des peuples à disposer d'eux-mêmes. Le plébiscite du 7 novembre ne concerne que le Cameroun septentrional sous administration britannique. Les questions posées sont : 1) Désirez-vous que le Cameroun septentrional fasse partie de la région du nord de la Nigéria lorsque la Fédération nigérienne accédera à l'indépendance ? 2) Préférez-vous que l'avenir du Cameroun septentrional soit décidé plus tard ? Résultats : 42 788 voix pour le rattachement et 70 546 voix pour le maintien de la tutelle.

Plébiscite (11-12 février 1961). Organisé par l'ONU de manière distincte pour le Cameroun septentrional et pour le Cameroun méridional sous administration britannique. Au Cameroun septentrional, le vote des hommes et des femmes s'est fait respectivement le 11 et le 12 février. Les questions posées sont : 1) Désirez-vous accéder à l'indépendance en vous unissant à la République camerounaise indépendante ? 2) Désirez-vous accéder à l'indépendance en vous unissant à la Fédération nigérienne indépendante ? Résultats dans le Cameroun septentrional : 146 296 voix pour le rattachement au Nigéria et 97 741 voix pour le rattachement à la République du Cameroun ; résultats dans le Cameroun méridional : 97 659 voix pour le rattachement au Nigéria et 233 571 voix pour le rattachement à la République du Cameroun.

Q

Questions du plébiscite (*Voir Résolution 1352 (XIV)*).

Quatrième commission (ONU). Une des six grandes commissions de l'Assemblée générale des Nations Unies. Elle examine les questions inscrites à l'ordre du jour et qui sont en relation avec la décolonisation, et plus tard également (1993) avec les questions politiques spéciales comme le maintien de la paix. La « question de l'avenir des territoires sous tutelle du Cameroun sous administration française et du Cameroun sous administration du Royaume-Uni » y est particulièrement discutée à partir de décembre 1958. Les auditions des représentants des différentes autorités administrantes (Andrew Cohen pour le Royaume-Uni ; Jacques Koscziusko-Morizet pour la France) et des pétitionnaires des différentes tendances politiques camerounaises, ainsi que les discussions entre les États membres de l'Assemblée aboutissent à l'adoption de résolutions déterminantes lors des 13e, 14e et 15e Assemblées générales de l'ONU. L'avenir du Cameroun constitue le seul point à l'ordre du jour des travaux de la Quatrième commission lors de la reprise de la 13e Assemblée du 20 février au 13 mars 1959. À la suite de l'audition des délégations britanniques et françaises (dont J.N. Foncha, Dr E.M.L. Endeley, malam Abdullahi Dan Buram Jada, A. Ahidjo et D. Kemajou) ainsi que des pétitionnaires camerounais (dont J. Amouhou, Dr M. Bebey Eyidi, P. Biba, B. Bindzi, J. Binet, R. Din Samé, C. Elle Mboutou, F. Fosso, F. Gorji-Dinka, G. Kingue-Jong, T. Mayi Matip, P. Mbarga Manga, A.M. Mbida, P. Monthé, F.R. Moumie, Moussa Yaya, M.P. Mukoko-Mokeba, A. Mukong, W. Ndeh Ntumazah, J. Ndingue, M. Ngaba Ndzana, J. Ngom, V. Ngu, M. Ouandie, J.M. Tchapchet, I. Tchoumba-Ngouankeu et G. Tsalla Mekongo) les discussions entre les États membres aboutissent à la résolution 1350 (XIII). La mésentente entre les leaders politiques et certains membres de la société civile du Cameroun méridional sous administration britannique à la Conférence de Mamfe renvoie le débat sur les modalités du plébiscite de 1961 devant la 14ᵉ Assemblée générale du 15 septembre au 13 décembre 1959. L'audition des pétitionnaires camerounais (dont Endeley, Foncha, Mbile et Ndeh Ntumazah) et les discussions entre les États membres aboutissent à la résolution 1352 (XIV). Les résultats du plébiscite de 1961 sont discutés lors de la 15ᵉ Assemblée du 7 mars au 21 avril 1961 où interviennent notamment Bebey Eyidi, Endeley, Foncha, Mbile, Ndeh Ntumazah et Okala. Cette rencontre aboutit à l'adoption de la résolution 1608 (XV).

R

Référendum (20 mai 1972). Consultation directe du corps électoral sur des questions d'ordre constitutionnel ou législatif, avec une énumération limitative des options de réponse. Organisé au Cameroun pour déterminer l'adhésion populaire au projet de formation d'un État unitaire. Présentant le système fédéral comme étant lourd, coûteux et ne garantissant pas la cohésion des différentes composantes de la nation camerounaise, le pouvoir central conduit par Ahmadou Ahidjo soumet un projet de nouvelle Constitution devant assurer le passage de l'État fédéral à l'État unitaire (décrets n° 72/DF/238 portant convocation du corps électoral à l'effet de procéder à un référendum et n° 72/DF/239 portant publication d'un projet de constitution). La question posée est : Acceptez-vous, dans le but de consolider l'unité nationale et d'accélérer le développement économique, social et culturel de la Nation, le projet de Constitution soumis au Peuple Camerounais par le Président de la République fédérale du Cameroun et instituant une République, une et indivisible, sous la dénomination de RÉPUBLIQUE UNIE DU CAMEROUN ? Deux bulletins de vote sont conçus : le bulletin blanc portant la question en français et en anglais avec les mentions OUI/YES et le bulletin gris foncé portant aussi la question dans les deux langues officielles, avec les mentions NON/NO. Résultats : 3 177 846 bulletins pour le passage à l'État unitaire, 176 bulletins défavorables à cette proposition et 1612 bulletins nuls. Les résultats de cette consultation consacrent l'unification du Cameroun.

République du Cameroun. Dénomination officielle du Cameroun sous administration française à son accession à l'indépendance le 1er janvier 1960. Au sein de la République Fédérale née en 1961, elle prend le nom Cameroun oriental. Le référendum de 1972 met fin à cette appellation. Le 4 février 1984, une révision constitutionnelle transforme la République Unie du Cameroun en République du Cameroun.

République Fédérale du Cameroun. Dénomination officielle du Cameroun après la Réunification le 1er octobre 1961. Ahmadou Ahidjo en est le Président et John Ngu Foncha le Vice-président. Il est organisé en inspections fédérales (7) : le Nord (chef-lieu : Garoua), le Littoral (chef-lieu : Douala), le Centre-Sud (chef-lieu : Yaoundé), l'Est (chef-lieu : Batouri puis Bertoua), l'Ouest (chef-lieu : Dschang puis Bafoussam) et le Cameroun occidental (chef-lieu : Buea). Il regroupe les deux États fédérés du Cameroun occidental et du Cameroun oriental. Cette dénomination est remplacée après l'Unification du 20 mai 1972 par la République Unie du Cameroun.

République Unie du Cameroun. Dénomination officielle du Cameroun de 1972 à 1984. Issue du référendum du 20 mai sur l'unification et de la Constitution du 2 juin 1972, elle prend la forme d'un État unitaire et marque la fin de la fédération camerounaise. La loi n° 84/001 du 4 février 1984 transforme plus tard la République Unie du Cameroun en la République du Cameroun.

Résolution 1350 (XIII). 13 mars 1959. Issue de la 13e Assemblée générale des Nations Unies (794e session). Elle porte sur l'avenir du Territoire sous tutelle du Cameroun sous administration du Royaume-Uni. Elle recommande l'organisation de plébiscites séparés dans le Cameroun septentrional et dans le Cameroun méridional pour déterminer les aspirations des populations au sujet de leur avenir. Elle recommande également l'organisation du plébiscite en novembre 1959 au Cameroun septentrional et entre décembre 1959 et avril 1960 au Cameroun méridional. Faisant suite aux discussions, elle donne la possibilité aux acteurs impliqués dans le plébiscite au Cameroun méridional de trouver un accord avant la 14e Assemblée générale sur les questions et les conditions de participation au vote. Elle suscite la convocation de la Conférence de Mamfe d'août 1959.

Résolution 1352 (XIV). 16 octobre 1959. Issue de la 14e Assemblée générale des Nations Unies (829e session). Elle porte sur l'avenir du Territoire sous tutelle du Cameroun sous administration du Royaume-Uni et de manière spécifique sur l'organisation du plébiscite au Southern Cameroons. Elle décide de renvoyer la tenue de la consultation entre le 30 septembre 1960 et mars 1961. Elle recommande que les questions du plébiscite portent sur l'alternative : l'indépendance par union à la Fédération du Nigéria et l'indépendance par union à la République du Cameroun. Elle recommande également « que les personnes nées au Cameroun méridional ou dont le père ou la mère est né au Cameroun méridional participent au plébiscite ». Par ailleurs, la séparation administrative de ce territoire et du Nigéria doit être effectuée par le Royaume-Uni avant le 1er octobre 1960.

Résolution 1608 (XV). 21 avril 1961. Issue de la 15e Assemblée générale des Nations Unies (994e session). Elle prend acte des résultats des plébiscites et fixe la levée de tutelle du Cameroun septentrional le 1er juin et du Cameroun méridional le 1er octobre 1961 en conformité avec les résultats du plébiscite.

Résolution 2013 (XXVI). 31 mai 1960. Issue de la 23e session du Conseil de tutelle. Prise à l'issue des discussions, à cet échelon, sur l'avenir du territoire sous tutelle du Cameroun sous administration du Royaume-Uni, elle « prie l'Autorité administrante de prendre les mesures appropriées, en consultation avec les autorités intéressées, pour que les populations du territoire sous tutelle soient pleinement informées, avant les plébiscites, des dispositions constitutionnelles qui devront être prises, en temps voulu, pour la mise en œuvre des décisions résultant des plébiscites ».

Réunification. 1) Programme politique. Désigne dans la seconde moitié des années 1950 la volonté de reformer une entité étatique rassemblant les deux zones du Cameroun divisées en 1916 et placées sous administration française et britannique (*Voir Unification*). 2) Processus politique consacrant la concrétisation de cette volonté par l'association des anciens territoires sous administration française et britannique et la création de la République Fédérale du Cameroun le 1er octobre 1961.

S

SDN (Société des Nations). 1919-1946. Organisation internationale. Créée pour préserver la paix en Europe après la Première Guerre mondiale. Parmi ses organes figure la Commission des mandats chargée de superviser l'administration des territoires à statut international (*voir Mandat*). La SDN est dissoute après la Seconde Guerre mondiale.

Séparation administrative. Mesure recommandée par l'Assemblée générale des Nations Unies (*Voir résolution 224 (III)* visant à éviter que la constitution d'unions administratives entre une autorité administrante et les territoires sous tutelle n'entrave le progrès de ces derniers dans les domaines politique, économique, social, et de l'instruction. Cette question est évoquée au British Cameroon du fait des critiques portant sur la forte présence de fonctionnaires nigérians et de leur emprise sur l'évolution politique de ce territoire international. La résolution 1473 (XIV) du 12 décembre 1959 « recommande que les mesures voulues soient prises sans retard en vue d'une plus ample décentralisation des pouvoirs administratifs et de la démocratisation effective du système d'administration locale dans la partie septentrionale du Territoire sous tutelle » et « recommande que l'Autorité administrante prenne sans retard des mesures pour effectuer la séparation administrative du Cameroun septentrional et de la Nigéria, et que cette séparation soit achevée le 1er octobre 1960 ». L'absence réelle de séparation administrative entre le Nigéria et le Northern Cameroons, par le Royaume-Uni, avant et pendant le plébiscite de 1961 constitue pour la République du Cameroun la principale irrégularité devant invalider les résultats de cette consultation.

Soppo Priso (Paul). 1913-1996. Dessinateur, entrepreneur et homme politique camerounais. Il fait ses études à Douala et à Yaoundé. Président de la Jeunesse Camerounaise Française (JEUCAFRA) et proche du Ngondo, il devient membre des différentes assemblées locales du Cameroun sous administration française (ARCAM, ATCAM, ALCAM) de 1947 à 1960. Conseiller à l'Assemblée de l'Union française en 1953, il est également président de l'ATCAM de 1953 à 1956. Proche de l'UPC, il lance cette année le Courant d'Union Nationale (CUN) dont le programme inclut l'unification du Cameroun. Il fonde le Mouvement d'Action Nationale Camerounaise (MANC) en 1957. Il contribue également au financement de la campagne du KNDP pour le plébiscite de 1961.

Southern British Cameroons (Cameroun méridional sous administration britannique). Partie du Cameroun sous administration britannique rattachée aux Southern Provinces, aux Eastern Provinces, puis à l'Eastern Region du Nigéria. Sa superficie est d'environ 42 944 km^2. Le territoire est organisé après la mise en place du système de tutelle en 2 principales unités administratives : la province de Bamenda (Bamenda, Nkambe, Wum) et la province du Cameroun (Kumba, Mamfe, Victoria). La mise en œuvre du statut régional en 1958 fait de Buea le siège des institutions du territoire. L'administration est d'abord placée sous la charge d'un Résident, puis d'un Commissaire dès 1949. En collaboration avec l'administration britannique, l'action des Native authorities permet d'y maintenir une administration indirecte. Avec la Constitution Richards de 1947, le Southern Cameroons obtient 2 sièges à l'Assemblée représentative de la région de l'Est du Nigéria à Enugu. Avec la Constitution Macpherson en 1951, le territoire obtient 13 sièges électifs à l'Assemblée d'Enugu ; trois des élus doivent faire partie du gouvernement fédéral du

Nigéria et six autres de l'Assemblée fédérale de Lagos. Le territoire obtient le statut de quasi-région le 30 août 1954, ce qui permet la création de la House of Assembly avec la mise en place de la constitution Lyttelton. Ce conseil exécutif est complété par la House of Chiefs en 1960. Dr Endeley dirige ce premier conseil, mais également le premier gouvernement du Southern Cameroons de mai 1958 à janvier 1959. Il est remplacé dans cette fonction par John Ngu Foncha. À l'issue du plébiscite de février 1961, le Southern Cameroons devient indépendant le 1er octobre en rejoignant la République du Cameroun. Il prend la dénomination West Cameroon ou République fédéré du Cameroun occidental, avant l'unification de 1972.

T

Togo (unification). 1947-1957. Série de problèmes posés au Conseil de tutelle et à l'Assemblée générale des Nations Unies. Protectorat allemand établi à la suite du traité du 5 juillet 1884 entre Gustav Nachtigal et des représentants locaux, le Togo devient un territoire franco-britannique après la reddition de l'Allemagne le 27 août 1914, lors de la Première Guerre mondiale. Le 30 août, les gouverneurs de Gold Coast (Ghana) et du Dahomey (Bénin) signent la convention de partage entre la France et le Royaume-Uni, laquelle est confirmée le 9 septembre et modifiée le 10 juillet 1919. Le mandat de la SDN est attribué à ces deux puissances le 22 juillet 1922, confirmant la séparation du Togo en deux zones. À la suite de l'accord de tutelle de l'ONU le 13 décembre 1946, les populations Ewé expriment leur mécontentement du fait du morcellement de leur territoire. Portée par Sylvanus Olympio, son parti, le Comité de l'Union Togolaise

(CUT) et la All Ewe Conference notamment, la réclamation de l'unification du peuple Ewé voire du Togo dans son ensemble est portée devant le Conseil de tutelle en 1947 et devant l'Assemblée générale de l'ONU en 1950. Ces groupes s'opposent aux organisations comme la Convention's People Party, le Parti Togolais du Progrès et l'Union des Chefs et Populations du Nord qui souhaitent le maintien de la séparation. Le 9 mai 1956, l'ONU organise un plébiscite au Togoland britannique avec pour questions : 1) Voulez-vous l'union du Togo sous administration britannique à une Côte de l'Or indépendante ? 2) Voulez-vous la séparation du Togo sous administration britannique de la Côte de l'Or et le maintien du régime de tutelle en attendant que l'avenir du territoire soit définitivement fixé ? Les partisans du rattachement à la Gold Coast l'emportent avec 58 % des suffrages. Le Togoland est incorporé au Ghana à son indépendance le 6 mars 1957. Le Togo sous administration française devient quant à lui la République autonome du Togo le 30 août 1956 et accède à l'indépendance le 27 avril 1960. Au Cameroun, les administrateurs français et britanniques ont craint au début des années 1950 que le mouvement de l'unification dans ce territoire ne s'inspire du cas togolais et suscite une attention, peu souhaitable pour eux, des instances de l'ONU.

Tracé Picot-Strachey (ou ligne Picot ou ligne Picot-Strachey). Détermination le 23 février 1916 à Londres, sur une réduction au 1/2 000 000 de la carte Moisel au 1/300 000, du tracé approximatif de la ligne de partage entre les zones sous autorité respective de la France et de la Grande-Bretagne. Il est déterminé de commun accord entre le diplomate français François Georges-Picot, présenté comme un partisan de la stratégie de « Ne rien donner et tout revendiquer » vis-à-vis des Anglais depuis l'Incident de Fachoda, et Charles Strachey du Colonial Office, qui avait reçu pour consigne de céder aux demandes des délégués français et de « s'abstenir de tout marchandage ». Ce tracé sert de base à l'Accord franco-britannique du 4 mars 1916 (*Voir Accord franco-britannique*).

Transfert de souveraineté. Question discutée lors des conférences tripartites de Buea de mai et juin ainsi que de Yaoundé d'août 1961. Elle est concrétisée par l'échange de notes entre l'Ambassadeur du Royaume-Uni au Cameroun, C.E. King, et le Président de la République du Cameroun, A. Ahidjo, le 27 septembre 1961 relatif à la fin de la tutelle de l'ONU sur le Southern Cameroons, le 1er octobre 1961 à minuit.

Tutelle (régime international de). 1946-1994. Régime d'administration des territoires anciennement sous mandat de la SDN ou détachés d'États vaincus de la Seconde Guerre mondiale. Régime assuré par l'ONU selon les termes du chapitre XII de la Charte de 1945. Son Conseil de tutelle a ainsi pour but d'assurer la surveillance à l'échelon international des territoires sous tutelle placés sous l'administration de certains États membres, et de garantir que les mesures appropriées soient prises pour préparer les territoires à l'autonomie ou l'indépendance.

Les fins essentielles du régime de tutelle sont les suivantes :

a. affirmer la paix et la sécurité internationales ;

b. favoriser le progrès politique, économique et social des populations des territoires sous tutelle ainsi que le développement de leur instruction ; favoriser également leur évolution progressive vers la capacité à s'administrer eux-mêmes ou l'indépendance, compte tenu des conditions particulières à chaque territoire et à ses populations, des aspirations librement exprimées des populations intéressées et des dispositions qui pourront être prévues dans chaque accord de tutelle ;

c. encourager le respect des droits de l'homme et des libertés fondamentales pour tous, sans distinction de race, de sexe, de langue ou de religion, et développer le sentiment de l'interdépendance des peuples du monde ;

d. assurer l'égalité de traitement dans le domaine social, économique et commercial à tous les Membres de l'Organisation et à leurs ressortissants ; assurer de même à ces derniers l'égalité de traitement dans l'administration de la justice, sans porter préjudice à la réalisation des fins énoncées ci-dessus, et sous réserve des dispositions de l'Article 80 (*article 76 de la Charte des Nations Unies du 26 juin 1945*).

Au Cameroun, la mise en œuvre de la tutelle est confiée de manière séparée au Royaume-Uni et à la France le 13 décembre 1946. Elle prend fin le 1er janvier 1960 pour le Cameroun sous administration française, le 1er juin 1961 pour le Cameroun septentrional sous administration britannique et le 1er octobre 1961 pour le Cameroun méridional sous administration britannique.

U

Um Nyobe (Ruben). 1913-1958. Instituteur, greffier, syndicaliste et homme politique camerounais. Il fait ses études dans les écoles de Makaï, Ilanga et Foulassi. Il exerce comme greffier à Yaoundé puis à Edéa. Membre de la Jeunesse Camerounaise Française (JEUCAFRA), il participe à la création de l'Union des syndicats confédérés du Cameroun (USCC) dont il devient Secrétaire général en 1947. Il participe au premier congrès du Rassemblement Démocratique Africain (RDA). Il travaille à la création de l'UPC et en devient le Secrétaire général en 1948. Partisan de l'unification immédiate et l'indépendance du Cameroun, il participe aux rencontres avec le CNF et le KUNC en 1951 et 1952. En qualité de pétitionnaire, il expose et défend ses positions devant l'Assemblée générale de l'ONU en 1952, 1953 et 1954.

> « M. Um Nyobe affirme que l'unification du Cameroun est souhaitable. En premier lieu, la division du Cameroun est artificielle. L'existence de deux administrations dans le pays ne justifie pas l'existence d'une frontière. La police douanière gêne les communications entre les deux parties du pays et son existence constitue la seule manifestation d'une division. En second lieu, la division est arbitraire ; elle est la conséquence de l'état de guerre de 1914-1918 et elle cause un préjudice au pays colonisé et divisé. En troisième lieu, la division ne profite qu'aux Gouvernements français et britannique, désireux d'établir une domination perpétuelle sur le Cameroun, sous le couvert du régime de tutelle, car le pays ne pourra jamais obtenir l'indépendance tant qu'il restera divisé en deux parties. Enfin, la division porte préjudice au peuple camerounais » (*extrait du rapport de la séance de 17 décembre 1952 de l'Assemblée générale de l'ONU*).

L'adhésion populaire à son discours dans les principales villes du sud du territoire concourt à renforcer les tensions avec l'administration française. Après l'interdiction de l'UPC en 1955, il se réfugie et organise le maquis de la Sanaga maritime. L'affrontement entre les résistants upécistes et les troupes coloniales y conduit à son assassinat le 13 septembre 1958.

L'essentiel de sa pensée politique est contenu dans deux ouvrages posthumes où sont compilés ses écrits : *Le problème national kamerunais* (Paris, L'Harmattan, 1984) et *Écrits sous maquis* (Paris, L'Harmattan, 1989).

UNC (Union nationale camerounaise). Parti politique. Parti unique créé en 1966, son président est A. Ahidjo. L'idée de création d'un parti national fédéral prospère après la constitution en 1962 du comité de coordination entre l'Union Camerounaise et le KNDP. Le principe de leur fusion est arrêté le 22 mai 1966. Les discussions, entre le 11 juin et le 31 août, avec les autres principales formations politiques légalisées aboutissent à la dissolution successive du CUC, du KNDP, de l'UC et du CPNC. La naissance de l'UNC est consacrée le 1er septembre, avec pour objectifs de consolider l'union nationale, de contribuer à la formation civique et politique des masses populaires et de promouvoir les intérêts économiques et sociaux des Camerounais. L'UNC est l'un des premiers et principaux piliers de la politique d'unification qui prend corps en 1972.

UNEK (Union Nationale des Étudiants du Kamerun). Association d'étudiants. Anciennement Association des Étudiants Camerounais de France (AECF) créée en 1946 et Association des Étudiants Camerounais (AEC) de 1951, elle est affiliée à la Fédération des Étudiants d'Afrique Noire en France (FEANF). Elle devient Union Nationale des Étudiants Camerounais (UNEC) en 1956 et plus tard l'UNEK, suite à la proposition de Bernard Fonlon qui assiste au congrès de 1958 à Paris. Celle-ci est liée à la NUKS. Dans sa charte, elle se donne pour mission de : « défendre les intérêts et sauvegarder en toutes circonstances les intérêts moraux et matériels présents et futurs de tous ses membres ; concourir à la formation culturelle de ses membres et notamment promouvoir et encourager toutes les réalisations se rapportant aux civilisations kamerunaises ; renforcer le sens de la grande solidarité kamerunaise ; amener ses membres à prendre conscience de leurs droits et devoirs ; étudier les problèmes relatifs au Kamerun et tout autre problème connexe ; lutter pour l'indépendance et l'unité africaine » entre autres. Elle est très proche de l'UPC ainsi que de ses organisations annexes. Elle est ainsi anticolonialiste et réclame la réunification des deux Cameroun. C'est la position que ses délégués (Osende Afana en 1957 et Jean-Martin Tchapchet en 1959) présentent à l'Assemblée générale de l'ONU. Elle prend une part active à la conférence pan-camerounaise des étudiants de 1959 à Yaoundé.

Unification. 1) Programme politique. Désigne jusqu'au milieu des années 1950 la volonté de reformer une entité étatique rassemblant les deux zones du Cameroun divisées en 1916 et placées sous administration française et britannique. Cette volonté est désignée par le terme « Réunification » à la fin des années 1950. 2) Programme politique. Renvoie à la volonté de leaders du Southern Cameroons dont E.M.L. Endeley, N.N. Mbile et J.N. Foncha, d'aboutir à une administration commune avec le Northern Cameroons. L'idée est rejetée dès 1953 par malam Abba Habib. 3) Processus politique. Constitution de l'État unitaire après le référendum constitutionnel du 20 mai 1972 qui met fin à la fédération, donc à l'existence des États fédérés, à la fonction de vice-président fédéral, aux postes de Premiers ministres et aux assemblées des États fédérés.

Unification de l'Adamaoua. Revendication politique. Elle est issue de la pétition du Lamido de Yola (Nigéria) adressée au Conseil de tutelle de l'ONU en novembre 1949. Il y souhaite la dissolution de la tutelle française et britannique sur les lamidats peul de l'Adamaoua, dont une partie du Cameroun septentrional sous administration britannique et une partie du Cameroun sous administration française. Il préconise également la reconnaissance de son autorité traditionnelle sur ces entités et leur annexion par son émirat. Les lamibé de Garoua, Rey Bouba, Bibémi, Demsa, Tchabou, Touroua, Bé, Dembo et Baschéo (Cameroun sous administration française) réagissent à cette revendication en demandant à l'ONU de la rejeter. Ils exposent dans leur pétition leur rejet de l'autorité de Yola sur leurs territoires depuis la mort d'Adama en 1847-1848 et estiment au contraire que le Cameroun sous administration britannique doit être restitué et rattaché au Cameroun sous administration française socialement et politiquement plus évolué. Privilégiant le respect des accords de tutelle de 1946, le Conseil de tutelle décide de ne pas donner suite à ces pétitions en 1950.

UPC (Union des Populations du Cameroun). Parti politique. Créé le 10 avril 1948 à Douala. Son programme politique porte sur l'unification immédiate des deux Cameroun, la fixation d'un délai à la durée de la tutelle et de l'octroi de l'indépendance, et la détermination de la position du Cameroun vis-à-vis de l'Union française. À partir de 1953, ce programme se résume en l'unification immédiate et la fixation d'un délai pour l'indépendance. Si le parti est successivement présidé par Mathias Djoumessi (1950-1952) et Félix-Roland Moumié (1952-1960), c'est le Secrétaire général Ruben Um Nyobe qui en est la véritable figure de proue après le comité directeur de novembre 1948. En plus de l'envoi de pétitions, les leaders de l'UPC se présentent à plusieurs occasions à la tribune de l'Assemblée générale de l'ONU pour défendre leurs positions. Après les émeutes des 22-30 mai 1955 (officiellement 26 morts, 189 blessés et 722 personnes inculpées), le parti nationaliste et ses organisations annexes sont interdits le 13 juillet 1955. Certains partisans se réfugient au Cameroun sous administration britannique où ils continuent d'exercer leurs activités dans la clandestinité tandis que d'autres optent pour la lutte armée. À la conférence de Makaï (2 et 3 décembre 1956), cette option conduit à la création d'une structure paramilitaire, le Comité Nationale d'Organisation (CNO).

Après l'assassinat d'Um Nyobe et le retour à la légalité de certains membres du parti, d'autres structures paramilitaires telles que le Sinistre de la Défense Nationale du Kamerun (SDNK) et l'Armée Nationale de Libération du Kamerun (ANLK) poursuivent la lutte bien après l'accession du Cameroun sous administration française à l'indépendance. C'est la fusillade d'Ernest Ouandié le 15 janvier 1971 qui met fin à cette guerre d'indépendance du Cameroun.

À travers des rencontres entre les associations à caractère politique du Cameroun sous tutelle britannique telles que le CNF et le KUNC, l'UPC participe avant 1955 à sensibiliser les habitants des deux rives du Mungo à la question de l'unification. Les rencontres organisées à Nkongsamba en juin et août 1952 permettent par exemple de discuter de la suppression de la douane, de l'abolition du régime de l'indigénat, ainsi que du statut du Cameroun unifié. Plus tard, les leaders upécistes en exil trouvent un terrain favorable au développement de leurs activités au Cameroun sous administration britannique après 1955. À partir de 1956, le parti interdit et en exil est souvent désigné UniKamerun. Le 30 mai 1957, l'UPC est également interdite en zone britannique par l'administration coloniale. Ndeh Ntumazah en profite pour créer One Kamerun (OK), parti politique considéré comme un démembrement de l'UPC au Southern Cameroons. L'action de l'UPC est appuyée par celles de ses organisations annexes, comme les pétitions adressées ou présentées aux Nations Unies par la Jeunesse démocratique du Cameroun (JDC) et par Marie Irène Ngapeth pour l'Union démocratique des Femmes Camerounaises (UDFC).

V

W

West Cameroon (*Voir Cameroun occidental*).

X, Y, Z

OUTILS DE RECHERCHE
Bibliothèque numérique des Nations Unies, URL : digitallibrary.un.org

Centre des archives diplomatiques de La Courneuve, référence 443QO, URL : https://www.diplomatie.gouv.fr/IMG/pdf/mn_443qo_togo-cameroun1957-1961_cle428bc6.pdf

Service d'abonnement électronique aux documents de l'ONU, URL : undocs.org

RÉFÉRENCES ET BIBLIOGRAPHIE
Abwa D., « Le problème Anglophone au Cameroun : facteur d'intégration ou désintégration nationale ? » in *Frontières plurielles, frontières conflictuelles en Afrique subsaharienne*, Paris, L'Harmattan, 2000, pp.115-141.

Abwa D., *Cameroun : histoire d'un nationalisme. 1884-1961*, Yaoundé, Éditions CLE, 2010.

Abwa D., *Ni anglophones, ni francophones au Cameroun : tous des Camerounais ! : essai d'analyse historique*, Les Éditions le Kilimandjaro, 2015.

Akara D., "The Kamerun society: A missing link in the independence struggle in the British Southern Cameroons, 1956–61", *African Journal of History and Culture*, Vol.7(4), 2015, pp.91-99.

Amazee V.B., "The role of the French Cameroonians in the unification of Cameroon, 1916–1961", *Transafrican Journal of History*, n° 23, 1994, pp.195-234.

Ardener E., "The nature of the reunification of Cameroon", in A. Hazlewood (ed.), *African Integration and Disintegration: Case studies in economic and political union*, Oxford University Press, London, 1967, pp.285-337.

Asong L., Ndeh Chi S., *Ndeh Ntumazah: A Conversational Auto-biography*, Bamenda, Patron Publishing House, 2001.

Awasom N.F., "Colonial background to the development of autonomist tendencies in Anglophone Cameroon, 1946-1961", *Journal of Third World Studies*, n° 15, 1998, pp.168-83.

Awasom N.F., "The reunification question in Cameroon history: was the bride an enthusiastic or a reluctant one?", *Africa Today*, n° 47, 2000, pp.91-119.

Benjamin J., « Le fédéralisme camerounais : l'influence des structures fédérales sur l'activité économique ouest-camerounaise », *Canadian Journal of African Studies/Revue Canadienne des Études Africaines*, vol.5, n° 3, 1971, pp.281-306.

Bong Amaazee V., "The 'Igbo Scare' in the British Cameroons, c.1945-61", *The Journal of African History*, vol.31, Issue 2, 1990, pp.281-293.

Chem-Langhëë B. and Njeuma M.Z., "The Pan-Kamerun movement,1949–1961", in N. Kofele-Kale (ed.), An *African Experiment in Nation Building: The bilingual*

Cameroon Republic since reunification, Westview Press, Boulder, CO, 1980, pp.25-64.

Chem-Langhëë B., "The Kamerun Plebiscites 1959-1961: Perceptions and Strategies", PhD., University of British Columbia, 1976.

Chem-Langhëë B., "The Road to the Unitary State of Cameroon 1959-1972." *Paideuma*, vol. 41, 1995, pp.17-25.

Chiabi E.M., "The Nigerian-Cameroonian connection: a study of the historical relationship and its effect on Anglophone Cameroon", *Journal of African Studies*, n° 13, 1986, pp.59-68.

Chiabi E.M., *The Making of Modern Cameroon: A history of sub-state nationalism and disparate union, 1914–1961*, University Press of America, Lanham, MD, 1997.

DeLancey M.D., Neh Mbuh R. et DeLancey M.W., *Historical Dictionary of the Republic of Cameroon*, Lanham/Toronto/Plymouth, The Scarecrow Press, 2010.

DeLancey M.W., *Cameroon: Dependence and Independence*, Routledge, 2019.

Eyinga A., « L'Union nationale des Étudiants du Kamerun (UNEK) et le mouvement de libération nationale », in UNESCO, *Le rôle des mouvements d'étudiants africains dans l'évolution politique et sociale de l'Afrique de 1900 à 1975*, (Histoire générale de l'Afrique, Études et documents 12), Paris, Éditions UNESCO/L'Harmattan, 1993, pp.131-146.

Fonlon B., "The language problem in Cameroon: a historical perspective", in David R. Smock and Kwamena Bentsi-Enschil, eds, *The search for National Integration in Africa*, The Free Press, New York, 1975.

Foutsop C.R. et Dongmo Tsobeng A., *...Pour une Foumban II : Les incongruités de la Conférence de Foumban de 1961*, Yaoundé, Monange, 2019.

Johnson W.R., *The Cameroon Federation: Political integration in a fragmentary society*, Princeton University Press, Princeton, 1970.

Kofele-Kale N., "Reconciling the dual heritage: reflections on the "Kamerun idea", in N. Kofele-Kale (ed.), *An African Experiment in Nation Building: The bilingual Cameroon Republic since reunification*, Westview Press, Boulder, 1980, pp.3-23.
Konings P. et Nyamnjoh F.B., "The Anglophone problem in Cameroon", *The Journal of Modern African Studies*, n° 35, 1997, pp. 207-29.
Konings, P. et Nyamnjoh F.B., *Negotiating an Anglophone Identity : A Study of the Politics of Recognition and Representation in Cameroon*, Brill, Leiden/Boston, 2003.
Kouosseu J., Noumbissie M. Tchouaké, *Figures de l'histoire du Cameroun XIXe-XXe siècle*, L'Harmattan, 2012.
Lynn M., *Nigeria. Part I : Managing Political Reform, 1943-1953*, British Documents on the End of Empire, Series B Volume 7, London, The Stationery Office 2001.
Lynn M., *Nigeria. Part II: Moving to Independence, 1953-1960*, British Documents on the End of Empire, Series B Volume 7, London, The Stationery Office 2001.
Merle M., « Les plébiscites organisés par les Nations Unies », *Annuaire français de droit international*, vol.7, 1961, pp.425-445.
Mukete V., *Mon odyssée. Histoire de la Réunification du Cameroun. Assortie des lettres authentiques des acteurs majeurs*, Yaoundé, Eagle Publishing, 2013.
Ndi, A., *Southern West Cameroon revisited 1950-1972: Unveiling inescapable traps*, Paul's Press, Bamenda, 2013.
Nfi J. Lon, *The Reunification Debate in British Southern Cameroons: The Role of French Cameroon Immigrants*, Langaa RPCIG, 2014.
Nfi, J. Lon, "Foreign influence in elections in Cameroon - french cameroonians in the Southern Cameroons 1961 plebiscite", *Cameroon Journal on Democracy and Human Rights*, vol.5, n° 1, 2011.
Ngoh V. J., (ed.), *From a Federal to a Unitary State, 1961-1972: a critical study*, Design House, Limbe, 2004.

Ngoh V. J., *Cameroon 1884-1985. A hundred years of history*, CEPER, Yaoundé, 1990.

Ngoh V. J., *Le Cameroun de 1884 à nos jours (2018)*, Limbé, 2019.

Ngoh V.J., "The origin of the marginalization of former southern Cameroonians (Anglophones), 1961-1966: An historical analysis", *Journal of Third World Studies*, Vol.16, n° 1, 1999, pp.165-185.

Ngoh V.J., *The untold story of Cameroon reunification: 1955-1961*, Limbe, 2011.

Njeuma M. Z., "Reunification and political opportunism in the making of Cameroon's independence", *Paideuma*, n°41, 1995, pp.27–37.

Nkoulou Y.-S., « Langue et droit au Cameroun (Linéaments de la problématique de l'unification du droit dans un contexte bilingue) », *Revue internationale de droit comparé*, Vol. 67 n°3, 2015. pp.695-726.

Olinga A.D., « La réunification du Cameroun au regard du droit international », in A.D. Olinga (dir.), *Cameroun : La crise anglophone sous le prisme du droit international*, Paris, L'Harmattan, 2019, pp.11-36.

Takougang J., "The « Union des populations du Cameroun » and its Southern Cameroons connection", *Revue française d'histoire d'outre-mer*, tome 83, n° 310, 1996, pp.7-24.

Torrent M., « Les deuils de l'indépendance : le Cameroun face à sa réunification (1959-1962) », in Goerg O. et al, *Les indépendances en Afrique : L'évènement et ses mémoires, 1957/1960-2010*, Rennes, Presses universitaires de Rennes, 2013, pp.327-343.

Tsala Tsala C., Ayissi L. et Abwa D., *Regards croisés sur les cinquantenaires du Cameroun indépendant et réunifié*, Éditions L'Harmattan, 2012.

Verkijika G. Fanso, "Anglophone and francophone nationalisms in Cameroon", *The Round Table*, vol.88, n° 350, 1999, pp.281-296.

Verkijika G. Fanso, "Constitutional problems in the construction and legality of the Unitary State in Cameroon", *CJDHR*, Vol. 3, n° 2, 2009.

Welch C.E., *Dream of Unity: Pan-Africanism and political unification in West Africa*, Cornell University Press, Ithaca, 1966.

Yearwood P.J., "In a Casual Way with a Blue Pencil" : British Policy and the Partition of Kamerun, 1914-1919", *Canadian Journal of African Studies/Revue Canadienne des Études Africaines*, vol.27, n° 2, 1993, pp.218-244.

TABLE DES MATIÈRES

Avant-propos 9
Le Cameroun de 1911 à 1961 11
Introduction 13
Quelques repères chronologiques 19
    A 23
        Abba 23
        Abba 23
        Accord franco-britannique 23
        Adamaoua 23
        Adeoye 23
        Affaire du Cameroun septentrional 24
        Ahidjo 25
        All Cameroons Conference 26
        Andersen 27
        Angwafo III 28
        Association of Cameroons Students of Britain & Ireland ... 28
    B 29
        BDC 29
        Bilinguisme 29
        Buea Mountain Hotel 30

C 31
    Cameroun méridional 31
    Cameroun occidental 31
    Cameroun oriental 31
    Cameroun septentrional 31
    Cameroun sous administration britannique 31
    Cameroun sous administration française 32
    CCC 32
    CDC 33
    CFU 33
    Chick 33
    CIJ 34
    CNF 34
    CNF (mémorandum) 35
    Commission mixte 37
    Condominium 38
    Conférence de Bamenda 38
    Conférence de Foumban 39
    Conférence de Londres 39
    Conférence de Londres 40
    Conférence de Mamfe 42
    Conférence pan-camerounaise des étudiants 43
    Conférence tripartite de Buea 44
    Conférence tripartite de Yaoundé 44
    Congrès de Kumba 45
    Conseil de tutelle 45
    Constitution (1961) 46

Constitution (1972) 46

Conversations franco-britanniques 46

CORECA 47

CPNC 48

Crise de l'Assemblée régionale de l'Est 48

CUC 49

CUN 49

CYL 50

D 51

Déclaration franco-britannique 51

Déclaration Thomson-Marchand 51

Deuil national 51

Dibongue 52

Dispositions constitutionnelles 52

Djalal 55

Djoumessi 55

E 56

Elangwe 56

Endeley 56

Eyidi 57

F 58

FCWU 58

Fédération 58

Fédération souple 59

Foncha 59

Fonlon 60

G 60
    Galega II 60
    Gorji Dinka 61
H 61
    Hymne 61
I 62
    Immigrés 62
J 63
K 63
    Kale 63
    Kamerun 64
    Kamerun Society 64
    Kangsen 65
    KFP 65
    Kingue 66
    KIP 66
    KNC 66
    KNDP 67
    KPP 68
    Kumzse 68
    KUNC 69
    KUNC (Pétition du) 69
    KUP 70
L 70
    Lainjo 70
    Livre blanc 71

M 71

Mandat 71

Mbanga-Kumba (Chemin de fer) 72

Mbile 73

Melone 74

Missions de visite 74

Mofor 75

Monument (de la Réunification) 76

Monument (des Cinquantenaires de l'indépendance et de la réunification) 76

Motomby-Woleta 76

Moussa Yaya 77

Mouvement en faveur de l'unification 77

Mukete 78

Mukong 78

Muna 79

Mungo (Pont sur le) 79

N 80

Nasah 80

Ndeh Ntumazah 80

Ndze 81

Ngondo 81

Ngu 82

Njine 82

Njoya 83

NKDP 83

Northern British Cameroon 84

- NUKS ... 84
- O ... 85
  - OK ... 85
  - Okala ... 85
  - ONU ... 86
- P ... 86
  - Partage ... 86
  - PAJENA ... 87
  - Phillipson ... 88
  - Plébiscite ... 89
- Q ... 90
  - Questions ... 90
  - Quatrième commission ... 90
- R ... 91
  - Référendum ... 91
  - République du Cameroun ... 92
  - République Fédérale du Cameroun ... 92
  - République Unie du Cameroun ... 93
  - Résolution 1350 (XIII) ... 93
  - Résolution 1352 (XIV) ... 93
  - Résolution 1608 (XV) ... 94
  - Résolution 2013 (XXVI) ... 94
  - Réunification ... 94
- S ... 95
  - SDN ... 95
  - Séparation administrative ... 95
  - Soppo Priso ... 96

Southern British Cameroons 96
T 97
    Togo 97
    Tracé Picot-Strachey 98
    Transfert de souveraineté 99
    Tutelle 99
U 100
    Um Nyobe 100
    UNC 101
    UNEK 102
    Unification 103
    Unification de l'Adamaoua 103
    UPC 104
V 106
W 106
    West Cameroon 106
X, Y, Z 106
Outils de recherche 106
Références et bibliographie 106
Table des matières 112

Éditions Premières Lignes
B.P. 411 - Dschang
www.edi-premiereslignes.com

www.ingramcontent.com/pod-product-compliance
Lightning Source LLC
Chambersburg PA
CBHW071311060426
42444CB00034B/1781